お客様から教わった

営業で大切なたったひとつのこと

佐藤 綾

同文舘出版

プロローグ

平成23年3月11日の東日本大震災以降、日本人の心は大きく変わったのではないでしょうか?

物やお金をどれほど得ても人は幸せになれないことに気がつき、何を持つかを基準に生きる時代は終わったようです。それよりも、もっと大切なことがあった、ということに誰もが気づいたのです。

人と人とのつながり、絆、感謝――そういったことに今一度目を向けようとする人が増え、日本は今、幸せに対する考え方の過渡期にあるのだろうと思うのです。

目先の利益にとらわれず、長い目で見たときに人としてどのように仕事をしていくのか?　そして、どんな人がこれからの時代に必要とされるのか。意識を変えるのは今だと思うのです。

私の属する生命保険業界では、個人保険保有契約高が1996年をピークに減少し続け、生命保険外交員チャネルは各社厳しさを増す一方です。本書を手に取ったあなたは、〝今のままではダメだ〟ということに気づいているはずです。

この時代の変わり目に、お客様から求められる人材とはどんな人なのか?

それを理解することで、あなたも必ず選ばれる営業マンになることができるはずです。小手先のテクニックを学んで人を動かしたとしても、それは長く続くものではありません。今や、そのような時代は終わったのです。

一言でいえば営業マンが身につけなくてはならないコミュニケーションの中身が変わったのです。

商品説明なら、インターネットで充分なこの時代。説明力や知識は「ないよりはあったほうがよい」程度のものに変わってきました。

では、営業マンとして、「いい仕事」をするために私たちは何をしていけばいいのか？人としてお客様に貢献し、満足していただき、会社の利益になる仕事をするには、どう行動すべきなのか。私の経験に基づき、それをお伝えしたいと思っています。

私は、お客様に質問してみました。「保険屋さんのイメージはどういったものですか？」と。すると、一、口が上手い人が多く、言いくるめられそう。二、親切な人だと見えても、最終的には「保険に入って」と言われそう。三、契約した後はあまり訪問してこなくなる（体験した）。四、保険のことについて相談したいけれど、契約させられそうで相談しにくい。五、ずうずうしい。

よいイメージ、よい体験をお話してくださるお客様もいますが、その数倍にものぼる悪いイメージのオンパレードでした。ある程度は予想していたものの、あまりのイメージの悪さに保険屋である私自身が驚いてしまいました。本当に残念なことです。でも、これが現実であり、保険営業をしている私たちは知っておかなければならないことなのです。

「梅干し」と聞くと、口の中に唾液がたまるように、日本人のほとんどの人は「保険屋さん」と聞くと危険センサーが作動し、身構えてしまう。そんな先入観を持っているようです。

私が、生命保険業界に縁あって入社させていただいた当時、平成10年頃の保険業界は、今ほど厳しいものではありませんでした。セキュリティのしっかりしたマンションが街に増えはじめてはいたものの、新人ですら飛び込み営業のみで、ご契約をいただくことがまだ可能で、数打てば当たる！　歩けばなんとかなる！　そんな空気が、まだ社内には残っていました。

あれから十数年、今では一般家庭にもパソコンが普及し、お客様が自分で情報を得られるようになり、営業マン並の知識を持つ方も多くなりました。

そして、インターネットで自分で保険に加入をするシステムさえあるのですから、保険屋さんにとってとても厳しい時代です。

どうしたら契約をいただけるのか？　と悩む職員が増えるのも仕方のないことです。

入社して間もなくは、縁故、知人で成績を上げていても、それはいつまでも続くわけがなく、3年も過ぎた頃には仲間の大半が退職しているという現実。

上司「締め切りが近いのにどうしたのか？」

部下「すみません。もう行くところがありません」

上司「行くところを探すのが君の仕事だろう！」

部下　心のつぶやき（じゃあ、あんたがやってみなよ。ピンポンしてもお客さまに会えないんだから）

そんな経験はありませんか？　50社近くの保険会社に30万人とも言われる保険屋が街に溢れる今、どのようにしたらお客様に選んでいただけるのか？　私はずっと考えていました。

飛び込み営業で人と話をすることは難しくなる反面、出逢いのチャンスが減ったわけではありません。ＳＮＳや異業種交流会、イベント、セミナーなど、今どきの出逢いの場は数多くあります。

でも、保険屋さんは悩んでいる。

ご存知の通り、日本人の約９割が生命保険に加入しており、その中の７割の人は営業マンチャネルを通しているにもかかわらず保険屋さんは嫌われている。私たちの仕事は本来、人様のお役に立って感謝していただける立派な仕事のはずなのに、です。

保険営業で本当に必要なこと。選ばれる保険屋になるためにすべき行動。それはどんなことでしょうか。

「嫌われない」保険屋になる。答えはとてもシンプルで、誰にでも成功するチャンスがあると私は思います。

なぜなら、5年連続No・1をいただいていた私自身の体験があるからです。

私は高卒ですから、学歴はありません。五人の子どもを持つシングルマザーですから、お客様を接待する時間の余裕もありません。

そして、一番必要そうに思われる営業トークやテクニックすら持っていません（というより、チャレンジしたものの難しくて続きませんでした）。それでも私は、いつも選んでいただいていたのです。

私がしてきたこと、**それは出逢った人たちとのご縁を紡ぎ感謝を育てるということ**でした。難しい心理テクニックや営業話法なんて一切不要なとてもシンプルな方法です。人間関係を育てることこそが、小さな縁が大きくゆるぎない人脈となる。それだけで充分、営業として生き残ることができるのです。心が変われば行動が変わり、習慣が変われば人格が変わり、人格が変われば運命が変わる（ヒンズー教の教え）と言われています。

性格や性質はすぐに変わるものではありませんが、仕事に対する意識を変えることは、今すぐできるはずです。

お客様に対する接し方、話し方を今一度考え意識して行動してみましょう。半年も過ぎればそれは身につき、あなたは選ばれる保険屋になれるはずです。「喜ばれる営業方法」を身につけられるのです。必要なのは、自分をコントロールする、ほんの少しの強さだけです。

そうすれば、必ず売り込み型営業から引き受け型営業に転身することができるのです。

そもそも、〝親身になってお客様のことを考えられない人〟〝人のために動けない人〟が、人様の人生をきちんと考えて保険設計することなど、してはならないのです。

お客様は〝お客様〟である前に私たちと同じ人なのです。私たちが思っている以上に、私たちの人としての面を見ています。

「わが家に来る保険屋さんはよい人かどうか?」ということを見ているのです。人のためにというと、偽善者とかビジネスはきれいごとではないという反論があることも、わかっています。

でも私は、「人は誰かのために」と思ったときに思ってもみない馬鹿力を発揮し、そして誰かが喜んでくれる姿にまたやる気が起きる生き物だと信じています。

テクニックではなく、生き方を学ぶことこそが誰にでもできて、かつ気持ちのよい営業方法なのです。

契約＝合意、お客様が「あなたが担当でよかった」と納得していただく仕事をすることが、私たち保険屋の役割なのではないでしょうか。

最後になりましたが、この本に書かれていることに即効性はありません。でも必ず、お客様に伝わり成果につながるでしょう。

自分を信じて、ぜひ今から行動に移して「喜ばれる保険屋」になっていただきたい、と心より願っています。

お客様から教わった
営業で大切なたったひとつのこと　もくじ

1章

まずは、「人様のお役に立ちたい」という気持ちを育てよう

2章

ご縁を大切にすればこんなに売れる

3章

営業マンが守るべき〝自分との約束〟〝お客様との約束〟とは

4章 〝感謝して生きる〟を身につけよう

5章

待つことの大切さを知れば ひと回り大きく成長できる

6章

お客様から選ばれる人になろう

7章 もう、クロージングはいらない！

カバー・本文デザイン／春日井恵実
カバー写真／善福克枝

1章

まずは、「人様のお役に立ちたい」という気持ちを育てよう

相手目線に立つということ

「働く」ということはどういうことでしょうか？　考えてみたら、人生の大半の時間を「働く」ことに費やす私たち。

「お金を稼ぐ」ためだけの仕事では、つまらないと思いませんか？　私は、「働く」というのは「誰かのお役に立つ」ことだと考えています。

誰かに必要とされ、誰かのお役に立ち、誰かが喜んでくれる。それを体験できることこそ、仕事の醍醐味だと思うのです。いくら儲けることができても、人に恨まれたのでは人生は楽しくありません。そして、人様のお役に立つ仕事ができる人物であるためには、〝相手目線で物を見たり聞いたりする習慣〟を身につける必要があります。

それができていないと、「自分がしてあげたいことをする」だけのお節介になってしまう可能性があるからです。人の生活は、他人との関わりから作られています。自分と関わる人が「あなたと出逢えてよかった」と感じ、信頼してくれる仕事ができたら人生は楽しくて仕方のないものになるはずです。

これからお話する相手目線を、当たり前だと感じる方もいらっしゃると思いますが、私はあえて書くことにしました。相手目線でいることを積み重ねることで「人生を大きく左右する人脈」ができることを、私自身が体験しているからです。

ではここでみなさん、初恋をしたときのことを思い出してみてください。大好きな人に、何をして喜んでもらいますか？　お弁当を作ったり、相手好みの服装や髪型に変えてみたり、どんな物がほしいか誕生日前にリサーチしてみたり……そんな経験はありませんか？　純粋に、相手に喜んでもらうためにそれを探した経験。相手目線というのは、簡単に言うとそのような感覚と同じです。

日々、業績に追われるようになると、いつの間にか「自分の利益」ばかりを考えてしまうようになります。子どもの頃、誰もが教わった「相手の立場に立って物事を考える」ということを忘れていませんか？

さて、ここで質問です。営業の締切日の今日、これから会って契約をあてにしていたお客様から「体調が悪いからキャンセルしたい」という電話が入ったら、あなたはどうしますか？

（キャンセルか…困ったな〜）と思いつつ、「わかりました。お大事にしてください。またお電話します」なんて、言うだけで終わっていないでしょうか？

こんなときこそ、相手目線で考えてみてください。もし、自分が体調の悪いお客様の立場だったらどうだろうと。

まず、キャンセルのお電話をしていただけたこと自体が感謝すべきことではないでしょうか。熱でもあれば眠りたいでしょうに、こちらに気遣って電話をしてくれたのです。「○○さん、そんなときにご丁寧にお電話くださりありがとうございます。今日はゆっくりお休みください。お大事に」とお答えするべきだと思います。

また、空いてしまった時間に、自分が何かして差し上げることはないかを考えてみましょう。スポーツドリンクや栄養ドリンク、あるいはおかずの足しになるものやフルーツを差し入れるなど、お役に立てることはいくらでもあるはずです。

そして、それをお渡しするときは、お邪魔にならないよう、扉に掛けておいて留守番電話に入れたり、メールをしておくなど、相手目線に立ったお役に立つ方法をしてみてください。「私は、あなたを気にかけています」という気持ちは、必ずお客様に伝わることでしょう。

それともうひとつ。「相手をほめましょう」と、営業マンなら教わることがあると思います。この「ほめる」行動にも相手目線は重要です。何でもかんでもほめられて、逆に気分が悪くなった経験をお持ちの方も多いでしょう。ほめられ方にも好みがあるということを知っておくべきなのです。人前でほめられるのがうれしい人もいれば、そっと声をかけて労《ねぎら》ってもらうほうがうれしい人もいるのです。ほめるときも、相手目線に立って、具体的にほめるに値することをタイミングよく、相手が喜ぶ方法でほめて差し上げましょう。

ここで、少し違う方向から相手目線を考えてみましょう。「自分の弱い部分を素直にさらけ出す」ということは、実は相手目線のひとつです。

人は、自分と同じタイプの人に親しみを感じやすいものですが、立場が上になると、人は知らず知らずのうちに自分の弱さを下の人に見せてはならないと思い込んでいたり、要らないプライドを身につけた結果、損をしている方を見かけます。自分の弱い部分を素直にさらけ出すと、相手の心を和ませリラックスさせられるし、正直な人だと信頼していただけます。

人は、誰でも少なからず劣等感を持っています。私も「同じ人間、失敗もする」ということを隠す必要はなく、失敗談を笑いの種にして相手の心を和ませる。これも相手目線の一つだと思います。

私には、この人のためなら一肌脱ごうと思っている友人が何人かいます。なぜ、私がその人たちにそのような感情を持っているのか…。それは、私がかつて辛い時期に私のことを想ってくれた、私の立場に立って考え、ともに悩んでくれた人たちだからです。私はその恩をよいタイミングで、その人の喜ぶ最善の方法でお返ししようと心に決めています。

私が十代で結婚し生活に困っていたとき、私の洋服をさりげなく買い取ってくれた幼馴染。子どもの思春期に悩む私に一緒に涙しながら、「いつかあなたの想いをわかってくれるから大丈夫よ」と、そっと声をかけてくれたお客様。スーパーで見かけた私が疲れた顔をしていたからと栄養ドリンクをポストに入れてくれた友だち。会社を休むと心配して顔を見に来てくれた部下。どれも、私にとって忘れられない出来事です。「人の幸せを考え優しさを与えられる人」になる。これらも、相手目線に立っていなければできることではありません。

相手目線に立てない人は、会話までもが「自分のこと」ばかりになります。身近にいませんか？　口を開ければ武勇伝を語る人が。目の前の人が、その話を聞きたいと思っているかどうかがわからないのです。

目の前の人が「話を聞いてない」ことさえわからなければ、とても「人様のお役に立つ」ことなどできません。

人様のお役に立つ＝相手を思う気持ちを持つ＝信頼、信用されるという当たり前の流れを日々忘れないこと。もし今あなたが「間違えていた経験」があるのであれば、相手の人に「あのとき、気づかなくてごめんね」と言えばいいだけのことです。それも相手目線のひとつだと私は思います。相手目線とは、ちょっとした想像力さえあれば誰でもできることなのです。

2 嫌がられる仕事を引き受けよう

嫌がられる仕事を引き受けることと営業と、何が関係あるの？　と思われる方がいるかもしれませんが、これは目先のこと（目先の利益）にのみ関心を持って生きないためにとても重要なことです。企業も個人も、生き残るために利益を出さなくてはならないので、いつの間にかその方向に人は流れてしまいがちです。

しかし、営業の目的は会社の利益のためだけでいいのか？　ということを見失ってはなりません。人としてお客様に貢献できる人材になり、商品以外の満足を与えられるように成長しなくては選ばれないということに気がつかなくてはなりません。

〝押売り〟〝お願い〟〝数打ちゃ当たる〟という時代が終わった今、お役に立つ人材になるために嫌がられる仕事を引き受けてみましょう。そして、少しでも社会のお役に立つことの喜びを知り、自分の心のゆとりを増やしてほしいのです。そこで、〝出逢う〟からわかる人間関係も必ずあります。

たとえば、私は日曜日の早朝6時半から自分の住む町の公衆トイレの掃除をするボランティア団体に入れていただいています。友人に誘っていただいたことがきっかけで、「誘っていただいたことは一度体験してみる」という主義の私は、あまり深く考えずに、とりあえず参加してみたことがはじまりでした。

正直に申し上げますと、最初の頃は公衆トイレの強烈なアンモニア臭の中、誰が汚したかわからない便器に手を突っ込むことには勇気が必要でした。そして、冬は日の出も遅くとにかく寒い。それに加えて、公園の水は冷たくて指が痛くなるのです。

それでも、私がなんとか続けていられるのは、この団体のメンバーとトイレ掃除という活動から多くの学びを得ていて、その結果、「私の心」が満足しているからだと思っています。次に利用する誰かのためにメンバー全員が協力をして、人が住めるくらい心地よいピカピカに変身したトイレを目の前にしたときの達成感。作業後の何とも言えない心地よい疲労感。金銭的利益の一切ないところでつながることのできる仲間と出逢えた喜び。夢中に磨くことで得られる感情の変化。通りすがりの、見知らぬ人からいただく「ありがとう」の言葉。人のためになり自分のためになる一石二鳥の日曜日の朝なのです。

睡魔に負けて、欠席することもある私ですが、どんなときも必ず参加している立派な人物がたくさんいらっしゃいます。

彼らを、私は心から尊敬しているのです。

「私にはボランティアなどできない」という人でも、日常の生活の中に誰でもできる奉仕活動はいろいろあります。席を譲る、ゴミや落し物を拾うなどもそれに値するし、目が合った人に会釈をしたり、笑顔で挨拶をする、心を込めてお礼を言うなど、小さな当たり前を当たり前のこととしてすることで、自分の心に〝ゆとり〟が生まれ、それを積み重ねることで人生も大きく左右されるのだと思います。

さて、話の角度を変えてみましょう。

私はこんな質問をしたことがあります。「なぜ、その仕事が嫌なのですか?」と。すると、たいてい「面倒くさいから」とか「儲からないから」という答えが返ってきました。

人間、好きなことであればどんなに手間がかかってもやるでしょうから、面倒くさいというのはやらない理由にはなりません。面倒くさいのではなく、ただ何となくやりたくないのでしょう。

儲からないというのは、誰でも生きていくうえでお金は必要なのでわからなくはありませんが、儲かる仕事にだけ力を入れる、儲からなければやらないというのは好ましくありません。

利害関係だけでできている人脈には、人と人とのつながりはないということを知っておく必要があります。儲けても一時的なものになるのです。

自分たちの利益を目的に集まる仲間は利益あるときこそ、仲よく楽しくつながっていますが、儲からなくなったときはあっさりと解散したり、あて込んでいた利益が入らなくなった人が急に敵になったりするのを見たり体験した方も多いのではないでしょうか。

奪い合いや競争のない世界には、当たり前のことを当たり前にできる人が多く住んでいます。そして、そこに参加することで「人様のお役に立てること」や「自分にもできること」を見つけられるし、行動したことで自分に自信を持つことができるでしょう。

本当の人の心のつながりを、あなたは体験してみたいと思いませんか？　悲しみを分かち合ったり、苦しいときに支えたり支えられたり、ともに切磋琢磨する一生涯続く人脈を作ってみたいと思いませんか？

そのような人脈を持つ人に出逢い、その人の側で学んでみたいと思いませんか？　「嫌がられる仕事」は金銭的利益は薄いものですが、そこにはとても大きな学びがあり、「他人のことを考えられる人」が必ず集まっています。ぜひ、みなさんに覗いていただきたいと思います。

どんなに周りの人を騙すことができても、自分の心に嘘はつけません。私は、本当に悪い人間なんてそんなにいないと思っています。

自分の生きる場所は自分で探せるのです。

よい人たちの集まりの元へ、いつでも参加できるのです。

「成功」は誰でも手に入るわけではありませんが、「成長」は誰でも手に入れることができます。成長しなければ、成功することもないはずです。

自分を磨くために、嫌がられる仕事に目を向けることを、強くおすすめします。

まだ私が20代の頃、上司に言われた言葉をご紹介させていただきます。

「君はまだ若いから、これから10年かけて自分を磨かなくてはいけないよ。仕事ができるというだけでは人はついてこないんだ。人として立派に成長するために苦労して自分を磨かなくては、本当に信頼される人間にはなれないんだよ、いいね」

まだ若かった私は「はーい」と軽く返事をしていたような気がします。今あれから10年がたち、この言葉の意味がわかるようになりました。

このことを教えてくださった当時の上司に、私はこれからも心から感謝し続けるでしょう。

3　心を込めていますか？

営業をしていると、「新たな出逢い」（私は新規顧客という表現が好きではないので、このような表現にさせていただきます）にばかり目を向けがちですが、今すでに自分を信頼してご契約をしてくださっているお客様との、心を込めたお付き合いを大切にしていただきたいと思います。

生命保険に加入すれば、長い間お客様は毎月お支払いをします。そのお支払いに対して、満足をいただかなくては、インターネットで割安な保険に入ったほうがお得です。まずそのことに、私たちは感謝をお伝えするべきではないでしょうか。

お客様を大切にするという姿勢がない人間に、お客様の人生を考えた設計なんてできないし、それは必ずお客様も感じ取ることだと思います。そのような営業マンに、知人を紹介したり、家族の将来設計を依頼するわけがありません。

「心を込める」を調べてみると、「愛情や配慮、願いや、祈りなどの気持ちを十分に含ませることを表す言い回し。また、そうした気持ちのもとに物事を行うことを意味する」（実用日本語表現辞典）とあります。要は、すべての自分の言動に〝思いやりの気持ち〟

をたくさん込めることなのです。言葉では簡単に聞こえますが、たしかに、日々の生活の中でお客様だけでなく自分が接する人すべてに心を込めるのは難しいことです。しかし、次のような「心を込める」なら、明日からでもできるでしょう。

たとえば、同僚や部下に「お疲れさま」と声をかけるときは、労いの気持ちを込めて「お疲れさま、今日もありがとう」や「お疲れさまでした、気をつけて帰ってね」と、その日の感謝の心を込めてひと言加えます。ひと言加えるのには理由があります。

人はみな、誰でも〝自分らしく生きたい〟と思っています。しかし、会社や社会の中ではそうも言っていられない現実を抱えています。多かれ少なかれ、自分を殺して、与えられた役割をはたさなくてはならないのが大人の社会だからです。

だからこそ、今日一日働いてくれたことへの感謝の気持ちを込めて「お疲れさま」を伝えるようにしましょう。

実は、私がこう考えるようになったのは、私の過去の経験が元になっています。私が、厳しいと言われる生命保険業界で頑張り続けることができた理由のひとつが、「いつもありがとう」「今日もお疲れさま」「本当に助かったよ」という、心の込もった上司の言葉があったからなのです。とにかく、仕えた上司がそういう言葉をくれたお陰で、私の心は満たされていたように思います。ほめてもらえなくても、感謝されていると実感することで人は心を満たし、「この人のために明日もがんばろう」と思うのではないでしょうか。「心を込めて仕事をしなさい。そうすれば、あなたは必ず成功する。なぜなら、そういう人はほとんどいないからである」（エルバート・ハバード／米国の作家）

日々の生活や仕事に〝心を込める〟ことは相手に伝わる。

相手に伝わるというと、こんな話もあります。映画『男はつらいよ』で寅次郎の家の中にタンスがあります。そのタンスの引き出しの中には実際に衣服を入れて撮影しているというのです。もちろん、観客にタンスの中までは見えませんが、中身を入れることでタンスに重量感が生まれ、見ているお客様に伝わるという考えに基づいたものだそうです。寅さんシリーズがこんなに長く続き人気があったのは、作り手のこうした心が込もっていたからなのでしょう。

相手に見えなくても雰囲気や心から伝わるというのは、やはりわれわれの仕事にも言えることだと思います。たとえば、営業の仕事を長くしている私にとっては、電話口の相手が何をしながら適当に話を聞いているかどうかが想像できてしまいます。相手が目に見えなくても、声のトーンや相槌のタイミングで相手の態度がわかってしまうのです。

営業の仕事をはじめたばかりの頃、お客様とお話するときのマナーとして、電話であっても、「ありがとうございます」というときはきちんと頭を下げなさいと教わりました。

たしかに声のトーンで相手に心が伝わるのですから、こういった一つひとつの行動に心を込めることはとても大切です。

また、パンフレットをすらすら読めるとか、自社商品の説明力があるかどうかとか、他社の商品知識があるかどうかというのは〝ないよりあったほうがよい〟程度のことで、本当に大切なのは心を込めた接し方（仕事）をしているかどうかだと思います。

実際のところ、私の周りの優績者と言われる営業マンは「その人自身を買っていただく」仕事をしていた方ばかりでした。

近頃はＳＮＳの利用者が増え、お誘いならまだしもお礼までもがメールでやってきます。メールはたしかに便利ですが、心を込めるという意味では、言葉を無機質なものに変えてしまいます。

手紙を書くのは、ひと手間かかりますが、受け取る側の目線からいえばやはりうれしいものではないでしょうか。せめて感謝の気持ちくらいは、心を込めて自分の手で綴りたいものです。

「心を込めていますか？」――今、目の前の人に対して。日々、出逢う人に対して。心を込めてお付き合いする、たったそれだけでお客様も部下も同僚も友達も、「あなたに逢えてよかった」と思うようになるでしょう。そして、それが「いい仕事」へとつながっていくのです。

4 喜びを独り占めしていませんか？

あなたは、喜びを独り占めしてはいないでしょうか？　今の自分にとってのうれしい出来事をリストアップしてみてください。

がんばっている友達がいること。尊敬する知人がいること。いつも側で笑っている家族がいること。買ったお菓子がおいしかったこと。今こうして仕事ができていること。今日見た花がきれいだったこと。そんな小さな喜びでもいいのです。紙に書き出してみてください。そのリストの中に何かヒントがあるはずです。

「あなたの保険に入りたいの。内容は任せるわ。信じているから」とお客様に言っていただいたときの湧き上がる喜び。一時、営業とは何かに悩んでいた私は、はじめてこの言葉をいただいたとき、うれしくて涙が止まりませんでした。

業界に入ったばかりの頃の私は、「売り込み型」営業をしていました。営業とは「売り込み」をすることであり、勤める会社に貢献することだと信じて疑いませんでした。それ以外があるなんて、考えたこともなかったのです。

入社して数年後、私はとても疲れていました。納得して加入していただいたはずのお客様からさまざまな理由で解約したいと申し出を受けることが続いたのです。はたして、お客様は私のおすすめする商品に満足しているのだろうか？　契約の時点で満足していたとしても、担当する人間としてその後は、何をすればいいのか？　私は、ずっと今のような「売り込む」ことだけを仕事にしていていいのか？　社内では、優績者として認めていただいてはいたものの、さまざまな不安が私を包み込み、日々心はストレスを溜めていたように思います。

営業という仕事を諦めたくなかった私は、さんざん悩んだ挙句、営業方法を変えるしか道はないと考えました。「お客様に喜んでいただくために、私はいったい何をしよう？　成果を出すことを一度忘れて、根本から営業活動に対する考え方を変えてみよう」と心に決めたのです。

「有意義な情報を手にしたとき、あなたはそれを独占しようとしていませんか？」——これは一番最初、お客様に喜んでいただくために、私が自分自身に投げかけた問いです。

物も知識も人間関係も〝有意義な情報〟は、周囲の人と共有するという基準を持つ。当時、金銭的にあまり余裕のなかった私が人を喜ばせるためにできることはこれでした。そして、この方法を手に入れた私は、大きく変わることができたのです。

カナダのブリティッシュコロンビア大学の心理学者の研究（「パブリック・ライブラリー・オブ・サイエンス」に掲載）によると、2歳未満の幼児はお菓子をもらうことより、自分の持ち物を与えることのほうに大きな喜びを感じる、とあります。この研究結果からもおわかりいただけるように、人間は本来、「与える」ことに強い幸せを感じる生き物なのです。それなのに、自分だけが幸せになればいいんだ！　と考えて生活していると、人はいずれあなたから離れていくものです。「信頼される人物になる」どころの話ではありません。

そのような思考で生活しているのは「人間は、与えることに喜びを感じる生き物」という本質に反するので、たいていストレスや焦り、不安が本人につきまといます。私の最初の仕事方法はこのタイプだったため、お客様の満足度が少なく私自身もストレスを抱えたのだと思います。

そして、それを続けてしまうといろいろな形で周囲に伝わり、いつの日か自分の周りから人が離れていくという悪循環になるのです。

もちろん、健康にも悪く、自分で自分を苦しめてしまいますから、そのような感性は早く手放すべきだと今は心底思います。

有意義な情報（喜び）を人と共有すると、損をするように思う人がいますが、それは違います。情報を自分で独り占めして活かせずに終わってしまうより、共有したことでよい案が生まれることがたくさんあります。

「分かち合う」ことで信頼や信用が生まれ、人から感謝していただけることもあります。今の私は仕事柄、多くの業種の知人、友人がいますが、そのステキな人たちをどんどん人に紹介するように心がけています。ステキな人を独り占めしていたらもったいない、と考えるようになったからです。

たとえば、お客様から相談を受けたとき、自分がお役に立てないと思えば、お役に立ちそうな情報を提供したり、友人を紹介すると、とても喜んでいただけます。自分自身が直接お役に立てなくても、体を使った事実は私を満足させ、また、お客様も喜んでくださいます。紹介した人には、舞い込んだお仕事に感謝していただけます。

皆が幸せではありませんか。

その時点で私に目に見える利益がなくても、後に信頼、信用となり、私にとっても結果は有難いことに変わるのです。

少し話は変わります。最近よく、「モチベーションを高めよう」というフレーズを耳にしますが、モチベーションを高めるには大きくわけて二つのタイプがあるそうです。ひとつは、自分の失敗を恐れたり、上司に叱られることを恐れて一所懸命になるタイプ。二つ目は、誰かに喜んでもらえるからということで一所懸命になるタイプ。どちらがストレスを溜めることなく、モチベーションを上げられ、長続きするでしょう。言うまでもなく後者です。人間の本質にしたがい、思考を変えるのはとても大切なことです。仕事を長く続けたいのであれば、早くこの方法（思考）を手に入れるべきです。

この方法を手に入れた私が、どれほど充実した仕事に変わったことか。人の出逢いを育て、よい関係を築くことは仕事だけでなく、あなた自身の人生をも幸せにしてくれるはずです。

私が普段していることで、誰にでもできるとても簡単な方法があります。まず、本などで見つけた好きな言葉、自分が救われた言葉を手帳などに書き留めておきましょう。そして、それを必要そうな人と出逢ったとき、手紙や葉書に自分の手で書いて差し上げるのです。

〈私の好きな言葉　例〉

「時には嵐のような逆風が人生を強くする」（王　貞治）

「何もしなければ道に迷わないけど何もしなければ石になってしまう」（阿久　悠）

私がその昔、ささくれた心をこの言葉で治せた。だからそれを今、必要そうな人にお伝えしたいと思うのです。自分を気にかけてくれる人を嫌いになる人間などいません。それに、素敵な文章や言葉は考える以上に悩む人の心を満たしてくれるものです。**喜びを独り占めせず〝与える〟喜びを知ること。ぜひ、自分のためにも実践してみてください。**きっと、そのほうが喜びも二倍、三倍になるはずです。そして、ストレスともさよならできるはずです。

5

「売りたい」より「知りたい」

営業という仕事をしていれば当然、商品を「売りたい」と思うでしょう。真面目な人ほど、会社からの利益追求ばかりが頭にすり込まれ、「営業とは何か？」という最も大切なことから、どんどん離れていってしまうものです。

本当の意味で会社のお役に立ち続ける社員になるには、お客様の満足感をずっと培養していける人間にならなくてはなりません。営業としてブレてはならない大切なことです。そして、そのために「お客様のことをもっと知りたい」という気持ちを持つことは営業職員にとって、とても重要なポイントになるのです。そもそも、〝よく知らない相手〟に本当に喜ぶことをしようとしても、なかなか難しいのではないでしょうか。

１００人の人間がいれば、１００通りの生活や価値観があるのですから、よく知らない相手の心にすっぽりはまる何かを見つけるのは至難の業です。

たとえば、〝喜び〟ひとつとっても、人によってさまざまです。贈り物などの目に見える物に喜びを感じる人もいれば、言葉や評価といった、目に見えないものに大きな喜びを感じる人もいます。

「知る」ということは、一人ひとりに合ったやり方を発見するということなのです。大人になればなるほど、人は案外誰のこともよく知らないものです。親しい友人であれ、全部を知っているわけではないのです。

人は皆、自分のことをよく思われたいと多かれ少なかれ考えているわけですから、職場の仲間にも言えることと言いたくないことがあって当たり前です。そのために、「孤独感」を持つのではないでしょうか。だからこそ、私たちにできることがあるのです。

私には、時間があると「遊びにおいでよ」とか「食事に行こうよ」とお電話くださるお客様が多くいます。営業側がお客様からアポイントのお電話をいただくわけです。そのときにお知らせや情報提供をしてご契約が成立することも非常に多くあるし、そこでお友達の紹介を受けることもあります。

そして、「ありがとう」と喜んでいただけるのです。あるとき、私はそのお客様に「なぜ、いつも声をかけてくださるのですか?」とたずねてみました。お客様からの答えは「いつも、知りたかったことをいろいろと教えてくれるから」「私の話をいつも楽しそうに聞いてくれるから」「近すぎる人に言えない悩みを相談したいから」というものでした。

某企業の代表取締役からは「会社の中には似合わないスーツを着ていても、お似合いですという奴しかいなくなったんだよ。あなたは〝前のカラーのほうがお似合いでしたよ〟

と教えてくれるからさ」という、上の立場になり孤独を感じる方ならではのお答えもありました。

人というのは案外、心を許してどうでもいいバカ話ができる相手が身の回りにいないものなのです。

私たちだからできる「ほどよい距離」だからこそ、心の扉を開いてくださる方はとても多いのです。また、自分の気持ちを理解しようとしてくれる人を嫌いだと思う人はいませんから、私たちは「私はあなたに関心がありますよ」ということと「私はあなたと過ごす時間を楽しいと思っていますよ」ということは、礼儀としてお伝えするべきなのです。

営業とは、商品を買っていただき、かつ商品以外のメリットを与える仕事をすることです。

そしてそれを忘れずにいれば、商品以外のメリット（喜び）を与えるために相手を知っていなければならないこともわかるでしょう。

相手を知っていれば、私たちは知恵をしぼりやすく、心にすっぽりはまるものを探し当てることができます。当然といえば当然の営業方法を手に入れられるのです。

人の心と仕事をするわけですから、すぐに成績になるものではないし、お客様が信用して認めてくださるまで少々の時間は必要です。しかし、この方法を身につけることで、長期的で、かつストレスのないよい仕事方法へと切り替わる、と私は考えています。

一時的な結果にだけ目を奪われ、その背後に存在する「大切なこと」を見ずに仕事をし続けることは、よい仕事とは言えないと思います。理想の実現を目指すには一つひとつ取り組んでみる。そして、一定期間我慢して待つことをしなくてはならないのです。

さて「相手を知る」ときの注意点が三つあります。まずひとつ目は、後半のページで細かくお伝えしますが、「知りたい」からと言って、むやみやたらに質問するのはデリカシーが感じられません。「知る」というのは、「聞き出す」ことと似て非なるものだということを忘れないようにしましょう。

二つ目は、お客様の心には「保険の内容について知りたい」ことがたくさんあります。知りたいのになぜ聞かないのか？　それは、聞いてしまったら契約しなくてはならなくなるかもしれない、と考えているため、知りたいのに聞けないのです。

だからこそ私たちは、相手から信頼していただく人物になるために自分自身を磨いていく必要があるのです。ときには「知りたい」内容が、本来のビジネスと直接関係ないこともあるでしょう。しかし、それは「あなたなら力になってくれるかもしれない」というお客様の期待の証であり、とても喜ばしいことなのです。

そして三つ目は、「知りたい」という感情は相手に興味を持つということです。世の中にはまったく異なる価値観を持つ人も多くいます。まったく違う価値観の人とのお付き合いは、違ったフィルターからの見方など、勉強になることもあるため、ほどほどの距離感を保ちながら、お付き合いしてみることをおすすめします。

心の根っこに置くのは「売りたい」ではなく「知りたい」——これが大切なのです。

6 嫌われない保険屋さん

お客様に嫌われない保険屋さんになりたい——これは、25歳の頃の私の目標でした。プロローグでもお話ししたように、はっきり言ってしまうと、保険屋さんは嫌われています。

それは、今にはじまったことではありません。イベント、交流会、学校行事で出会うや否や、「うちの保険は他社と違って…」と、保険の説明をする営業マン。ずいぶん親切な人だなと思っていたら、ある日「そろそろ、お付き合いしてもらえないかしら」とパンフレットを持参する営業マン。ときには、「私の会社、キャンペーンでね。成績が足りなくて困っているの。あなたしか頼める人がいないのよ。お願い助けて～」などというあつかましい人が実在します。

お客様にしてみれば「何で私が、あなたを助けるために保険に入らなくちゃいけないのよ」という気持ちになるでしょうが、この状態の営業マンにとっては会社のため、自分のために必死に働いていると思っています。それに加えて、契約するまではよく足を運んでくれたのに、印鑑をついたとたん、まったく顔を見せなくなったとか、会社や学生時代の先輩から頼まれて断れないという話もよく聞きます。

〝セールス・保険屋お断り!〟というプレートが玄関先にあるお宅をまれに見かけるのは、そんな押しの強さで仕事を進める時代が長く続いていたからでしょう。〝強引〟だの〝しつこい〟だのと聞くと心底がっかりしますが、私がこの業界に入った十数年前の新人教育には、いったん玄関が開いたら閉められてしまわないように足を挟めやら、病気になったときの話を聞かせて脅すなど、今から考えると笑ってしまうような教えがあったのですから、このイメージの悪さは営業マン個人だけの責任ではないでしょう。ただ、今の時代にはまったく通用しないことは間違いありません。

保険の営業は目に見えない物を販売するし、給料がフルコミッションの場合もあるため、数ある仕事の中でも厳しいものになります。ファイナンシャルプランナーの資格を有していても苦しむ人もいれば、優績者なのに説明が下手だったりすることもあり、突き詰めてみれば「営業マンの人としての魅力」に大きく左右されるものなのです。保険営業という仕事についていながらも、「友達に嫌われるから、職種は言いたくない」という人がいますが、これでは話になりません。今一度、誰のためにこの仕事をしているのかということをよく考えるべきです。一所懸命やりたいけれど、よくできないと感じている方がこの本をお読みいただいていることと思いますが、販売ができていないからといって、そんなに苦悩する必要はないのです。

きちんとした仕事方法を身につければ、自然とメンタル面も強くなっていくし、時がてば、人様のお役に立ちながら自分も稼いでいるという実感が得られます。今、こうして本を書いている私も、入社当時は国民健康保険と生命保険の違いすら知らずに生きていた人間です。あれから十数年過ぎた今、私はお客様から〝綾ちゃん〟と呼んでいただき、まるで親戚のような関係を築きあげてきました。

「うちの保険屋さんの名前なんだっけ?」にならず、個人の名前や電話番号、メールアドレスを知っていただき、「日常生活で困ったときの相談は綾ちゃんにしてみよう!」と思っていただく、人と人との人間関係ができ上がったのです。自分が今の仕事に心底満足をしているのは、やはり〝人のお役に立てている〟ことが理由でしょう。

自分を磨く努力を惜しまなければ、誰でも嫌われない保険屋になれる。そう強く信じて、行動することが大切だと思います。

自分の身に置き換えて考えたとき、あなたはどんな人を信頼・信用するでしょうか？　紙に書き出してみてください。それが答えであり、後はそうなるように日々努力する他に道はないのです。人は、よきにつけ悪しきにつけ、近くにいる人に影響されます。毎日ランチをしながら楽しむ仲間、会社や上司の悪口を話す仲間、上司に嘘の報告をする同僚、そういう人と一緒にいたのでは、選ばれる保険屋にはなれないのです。深刻に悩んでも、何も変わりません。真剣に仕事に取り組み続けることが、何よりも大切なのです。

嫌われない保険屋になりたいという昔の目標が達成できた私は、この仕事に誇りを持っています。私だからできることがあり、私だからわかる人がいる。人様のお役に立ち、社会人として自分の稼ぎで生きていられるという喜びがあります。前項でお話しした通り、喜びは独り占めしてはならないものであり、私はこのことを皆様にお伝えしたいと心から思っています。

入社するとき、人様のお役に立ちたいと希望に燃えていたことを思い出していただきたいのです。そして、自分にできることをすぐに実践してみてください。

お客様が喜ぶことを何かはじめて下さい。やらない理由を探さずに、動くのです。そして、それが習慣になるまで続けるのです。

どんな人間にも、チャンスは平等に巡ってくるそうです。その好機に気づける人間になるには、経験を積む時間が必要です。

嫌われない保険屋になるために必要なのは、今を変える少しの勇気なのです。

7 誰かのために…人はあり得ない力を発揮する

「われわれのしていることは、ただサッカーをするだけではないことを意識してきた。われわれが勝つことにより、何かを失った人、誰かを失った人、怪我をした人、傷ついた人、彼らの気持ちが一瞬でも楽になってくれたら、私たちは真に特別なことを成し遂げたことになる。こんな辛い時期だからこそ、みんなに少しでも元気や喜びを与えることができたら、それこそがわれわれの成功となる。日本は困難に立ち向かい、多くの人々の生活は困窮している。われわれはそれ自体を変えることはできないものの、日本は今復興をがんばっているのだから、そんな日本の代表として、復興を決して諦めない気持ちをプレイで見せたかった。今日、われわれにとってはまさに夢のようであり、われわれの国がわれわれと一緒に喜んでくれるとしたら幸いです」（www.twitlonger.com/show/bg7e15）

これは、震災の年の7月、W杯で優勝した際の澤穂希選手の言葉です。

人は、誰かのためにと思ったとき、自分のため以上に力を〝発揮〟できるのだと、このとき改めて感じました。私自身、「何のために仕事をするのか？」という問いに対する答えは、ひとつは自分が学び身につけたすべてを人様のお役に立たせたいから。二つ目は3年前、親の身勝手で5人の子どもを育てるシングルマザーの道を選んだので、愛する子どもたちを私の力で食べさせていかなくてはならないからです。そしてこの二つは、想えば想うほど、私の中に力を湧かせてくれます。

「誰かのために」というと、偽善者だと言う人がいるのはわかっています。人のためだと言いながら、自分の利益ばかりを考える人がいることも知っています。相田みつをさんの詩に「人の為と書いていつわりと読むんだねえ」というのがありますが、私は〝あなたのためだよ〟と恩を着せながらしてしまうと偽になるよ、という意味ではないかと考えています。誰かのためにすることは、言い換えるとお節介であり、恩に着せることではないのです。〝心からお役に立てればよし〟と思うことが大切なのだと思います。それに、もしたとえ、自分の利益が根本にあったとしても、「やらない人」よりは「やった人」のほうが誰かのお役に立てているのです。偽善者だなどと〝している人〟を叩く行為は、人としてすべきことではありません。日曜日の朝のトイレ掃除グループに対しても〝偽善者〟という声が入るそうですが、そのような人に対して「やっていない人に言われる筋合いはない」と心底思うのです。

私のお客様のある企業の代表は、本当にいろいろな所へ寄付をされていらっしゃいます。私はその方に、「どうして毎年、そんなに多額の寄付をされるのですか？」とたずねたことがあります。代表は静かにこう答えて下さいました。

「私は、今まで多くの人に支えられてきた。若いときは人の心を傷つけたこともある。今考えると、『あんなことを言ってしまえば誰だって傷つくだろう』と思うこともあるんだ。それでも今、こうして人様に囲まれて仕事をさせていただけることに感謝しているから、それが寄付という形になっているんだよ。自分がしてきたことのお詫びと感謝の気持ちなんだよ」

と。目から鱗。私にとってそんな瞬間でした。

そう、私たちは誰だって1人で生きてきたわけではないのです。親から命をいただき、多くの人に支えられ、ときには人様に迷惑をかけ、人を傷つけた時代を許していただきながら生きているのです。

「感謝をする」ことが、どういうことかと理解できていれば、きっと、この代表のように自分の富を誰かのために役に立てようという考えに辿り着くのかもしれません。

私がこのように夜な夜な執筆をすることも、あるいはお客様の喜ぶ顔を想像しながら社員が企画を一所懸命練るのも、その心の根っこには、誰かのためということがあるから、私たちは頑張っていけるのだと思いませんか?

もし、自分のためだけの仕事なら、適当に楽で楽しくやりたい。そのような考えがあってもいいですが、その人たちは、まったく違う価値観で仕事に取り組む人間がいることを知っておく必要があるのです。

さらに、誰かのために動ける人間は驚くほどの馬鹿力を出すことができるものです。そして、誰でもいつからでもそうなれるのです。この本を手に取るほとんどの人は働いているることでしょう。どの道、働かなくてはいけないのなら、自分が心から満足できる、よい仕事をしていなくては、1日の大半を働く大人は人生そのものが苦痛になってしまうでしょう。少しでも早く、自分の仕事に対する考え方や取り組み方を変えることをおすすめします。

ジェームズ・アレンが『原因と結果の法則』で述べているように、人間は、もし成功を願うならば、それ相当の自己犠牲を払わなくてはならないはずなのです。それに気づき、誰かのためにと覚悟を決めたら、あなたの心の中にふつふつと力が湧いてくるはずです。私自身も、最初からここに辿り着いていたわけではありません。だから、誰でも辿り着けるのだと思います。

2章

ご縁を大切にすればこんなに売れる

お客様は先入観を持っている

1章では、私たち営業マンが持つべき精神についてお伝えしました。この2章では、具体的にどのような行動をするか、ということをお伝えしたいと思います。私たちが保険を販売する際、「飛び込み営業」「紹介」「イニシャル（親族関係でのご契約）」等、さまざまな方法があります。営業マンは、自分に合った営業方法を選択すればいいのですが、ほとんどの人が生命保険に加入している今の時代はどの方法を選ぶにせよ、〝お客様の現在の加入状況の確認〟ができないことには先に進むことはできません。

ところが、多くの営業マンがこの前の時点でつまずいてしまいます。「加入状況の確認」まで辿り着けないのです。なぜなら、1章でもお話ししたように、お客様は「保険営業」に対して先入観を持っているからです。

「○○生命の△△と申します！」と、スペシャルな笑顔と元気な声で言ったとしても、お客様の心の扉は開くわけではなく、むしろ心の鍵を締めてしまいたくなるのです。仮に、お話できるようなお時間をいただけたとしても、一分の隙もないセールスマン、セールスウーマンに筋道立てて保険の話をさせると言い含められそうで、お客様は逆に警戒してしまいます。ですから、理路整然と話す必要はないと私は考えています。実は、多くのお客様が現在ご加入の内容を理解しておらず、「これでいいのか？」という疑問や不安を抱えています。それなのに、お客様の先入観が邪魔をして相談ができないのです。これは、物事を正しく理解しようとする際の「最大の敵」であり、誰にとってもたいへん損であることがおわかりいただけると思います。営業をしている私たちは、そんなお客様が一足踏み出すために先入観とは逆の行動をとるべきでしょう。

私の場合は、「5年連続No．1」という実績に加えて外見が派手に見られるためか、逆にのんびりした話し方をすると、よく「エーッ、お話をするとイメージと違うね」と驚かれます。そして同時に、興味を持っていただくことができます。おそらく、フェイスブックなどのSNSから私を知った人は、会ったら「ガンガン営業されそう」という先入観を持っているからでしょう。

また、既契約のお客様が体調を崩されたと知れば、「煮物」などの差し入れをすることがあるのですが、それも「エーッ、お料理するの⁉」と、まずそこに驚かれる方が多く、「うれしさは2倍だね」と言っていただくこともあります。

ずいぶん昔の話になりますが、こんな出来事がありました。退職した営業マンの後任でT様というお客様を担当することになりました。1回目は、午前中のお昼に近い時間に訪問してお留守。2回目は午後2時頃に訪問してお留守だったため、共働きのご家庭であることが予想されました。

2回目のときに、私はふだん持ち歩いている葉書（会社で用意されている不在者投函用チラシやメモではなく、季節感のある明るいイメージのもの）に文章を書いてご自宅のポストに入れました。

（文章例）

T様。はじめまして。いつもお世話になっております。○○生命の佐藤　綾と申します。このたび、永きにわたりお世話になりました担当Kが退職することとなり、私ことこの度、T様の担当をさせて頂くことになりました。微力ではございますが、任務に精励いたす所存でございます。また、日を改めましておうかがいします。お目にかかれる日を楽しみにしております。何卒宜しくお願いいたします。

その数日後、お電話をしてご挨拶させていただく日程を決めさせていただき、週末の土曜日に訪問したのです。

訪問したときは、前任者がお世話になったことのお礼、私の家族構成、お客様のお仕事のことなど、15分ほどお話ししただけで引き上げました。

そのときの会話から、お客様の趣味が絵葉書を作ることだということがわかったので、そのお宅の近くを通るときに絵葉書づくりに利用できそうな物をお手紙と一緒にポストに入れてコミュニケーションを取っていました。半年ほど過ぎた頃、T様から私に相談があるから来てほしいとお電話が入りました。日程を決めて伺うと、ご主人がご加入しているS生命の担当さんが、新しい特約を付けて保険の切り換えを勧めてきたので、それは必要なのかどうか見てほしいという内容でした。

T様は、「S生命の担当さんはよく保険を勧めに来るし、聞くといいような気もするけど、いまいち信用できないの」とおっしゃいました。私はこの時点でお顔を見るのはまだ2回目でしたが、絵葉書コミュニケーションを半年も続けているうちに、信用していただけるようになっていました。ご主人様の内容を確認し、ほぼ、同じ内容で私の勧める会社のプランで作成したところ、月々のお支払いが数百円ですが安くすんだため、そこからさらに必要のないものをカットし、私の設計でご加入いただくこととなったのです。

後日お礼訪問に伺うと、T様は私に初めて会った日、挨拶と雑談だけで「保険の話をせずに帰った保険屋さんは意外だったから、聞きたいと思ったのよ」とおっしゃいました。

私たちの仕事は、営業して利益を上げること、契約をいただくことですが、〝生命保険〟という目に見えないものを取り扱うのにはお客様からの信頼、信用がすべてと言っても過言ではありません。お客様が先入観を持って私たちを見ているにもかかわらず、早く成果を上げたいからと、商品の説明をいくらしても、かえって逆効果ということなのです。

私は、先入観とは逆の、「人として」の付き合い方をきちんとして関係を築いていくことが、信頼される早道なのではないかと思います。信頼していただければ、お客様が選んでくれることでしょう。会社の中で、数字の話ばかりを聞いていると、ついつい忘れがち、焦りがちですが、自分がお客様の立場だったらそれをどう感じるのか？　という目線を持ち続けることが、選ばれる営業職マンになるための最初の一歩なのです。

決して難しいテクニックをお伝えしているわけではありません。〝えっ？　そんなこと？〟と思っている方もいるでしょうが、プロになるためには「そんなこと」が何よりも大切なことなのです。

2　アポイントの前にするべきこと

独立前、勤めていた会社で、私は部下が担当地区のお客様にご案内をお持ちするときは、必ずアポイントを入れなさいと言っていました。

しかし、アポイントを取って訪問しているのに、そこから業績はほとんど上がっていませんでした。「これはなぜだろう」と思っていたところ、たまたま、ある職員に同行する機会が訪れたのです。もちろん、アポイントは取っています。

約束の時間、お客様のお宅のチャイムを鳴らす部下。奥から「ハ～イ」という声とともにドアが開きます。お客様が顔を覗かせたそのとき、「はじめまして。○○生命のKです！」と部下が挨拶をしたのです。～はじめまして～そう、この日がお客様と部下の初対面の日だったのです。初めて会うお客様に、目に見えぬ保険をおすすめし、「まあ、素敵な保険を教えてくれてありがとう」となるほどの営業職員となるのはかなりの経験が必要だし、その場合、どうしても一方的に説得する押売り営業となるでしょう。

しかし、これはほとんどの職員には難しい仕事方法であり、また、説得して押し売る方法をずっと続けていったとしても、お客様を紹介してくださるような関係にはなりにくいでしょう。何かお知らせにうかがう場合、たしかにアポイントは必要です。しかし、アポイントの前にするべきことがあり、それをしていない薄い関係ではよほどの営業力がなければ業績にはつながらないのです。

アポイントの前にするべきことは、たったの三つ。

①顔を見てご挨拶をする
②この人の話なら聞いてみようと感じていただくような会話をする
③何かお知らせやご案内が会社側からあった場合、聞きたいかどうか？　また、どのような方法（メール、電話、訪問）がよいか？　をお聞きする

この三つのことを知っておくことは、お客様に対する最低限の礼儀ではないかと思うのです。むしろ、知っておかなければ、仮にアポイントが取れたとしても、私たちのお持ちするお知らせや重要なご案内もお客様の大切な時間の「割り込み客」になってしまいます。そして、アポイントの電話を断れずに受けてしまったお客様からしたら、「もう二度と会いたくない保険屋さん」と記憶されてしまうことでしょう。

先ほど、お客様に対して礼儀と書きましたが、礼儀正しくすることはとても大切なことです。自分が相手を知り、私はあなたの味方ですと表明をする。そこで心を開いていただくから、〝仕事〟を頼んでいただくことができるのです。もし、それをせずにこちらから何かアプローチをしようとしても、抵抗したくなるのが人情ではないでしょうか？　これはお客様と営業マンの間だけでなく、仕事の場、人の集まる場所すべてに通じることだと思います。

人に礼儀正しく接すること、相手のことを知り認めながらお付き合いを進めていけば、

それはいつか巡り巡って自分のためとなり、返ってくるものであるということを忘れずにいたいものです。

しかし、残念ながら多くの人がこの段取りを踏むことなく、「急に自分の用件」を話してしまいます。ですが、考えようによっては、このたった一手間をかけることによって、選ばれる可能性が急激に高まるということでもあります。

なかには、「面倒くさい」と思われる方がいるかもしれませんが、この面倒くさいことこそが大切になるのです。

さて、どの時間に訪問してもなかなかご挨拶できないお客様がいらっしゃいます。そのようなお客様に対しては「感謝の気持ち」をつづったお手紙をお送りしてください。

（文章例）

・いつもありがとうございます。なかなかお会いできず、ご挨拶が遅くなり申し訳ありません。お客様に支えられていることを忘れず仕事をしてまいります。どうぞ、今後ともよろしくお願い申し上げます。

～いつの日か、お会いできる日を心待ちにしております。

・こんにちは。いつもお世話になっております。佐藤です。夜はずいぶん寒くなりました。いつもご多忙な○○様。風邪などひかれませぬよう　どうぞご自愛くださいませ。いつかお目にかかれますよう願っております。今日も一日お疲れさまでした。

このようなお手紙を読んでいただくことで、どんなに忙しいお客様でも、まあ一度くらいは時間を取ってやろうと思っていただけるでしょう。

私の経験ですが、ふだんまったく連絡が取れない忙しい生活をしておられるお客様でも、このような手紙を入れ続けると必ず覚えていてくださいます。必要なことがあったときは、お電話をくださることも多くありました。

何より、「やっと会えた」ときの何とも言えないうれしさ。この顔を合わせた日から、すごいスピードで2人の人間関係は進んでいくのです。アポイントの前の一手間が、お客様と私たちにとっては大切なことなのです。

3 営業は販売ではない

保険会社に入社して3年になる頃、日々の仕事に楽しさを見つけられず、子どもの反抗期のように、何やかんやと自分の意見を言ってしまう。そんな「へそまがり」な日々を過ごしていました。

同じ頃に入社した仲間が徐々に退職していき、保険営業の厳しい現状、この仕事をずっと続けていくことのたいへんさがわかるようになりはじめた3年生の私。

会社に行けば、それなりに働いているフリをしていても、私の選んだ道は間違いだったのか？　という不安が胸の中にこびりつき、毎日の朝礼も上司の言葉もいつの間にか素直に聞けなくなっていました。それまで目もくれなかった、『ランチ＆お茶＋グチ＋誰かの悪口』を毎日フルコースで過ごすグループの溜まる喫茶店の扉が「天国の扉」にすら見えていました。

生活費を稼がなくてはならない状況だとわかっているのに、「働かざるもの食うべからず」と、商売人の娘として教わって育ったのに、一度そっぽを向いたへそはなかなか真っ直ぐ前を向かず、私はこれでいいのか？　と焦る気持ちが日々増していきました。

そんなとき、「応接に来るように」と、上司から呼ばれたのです。

「怒られる」と思い込んでいた私は、もっともらしい言い訳を必死で考え出し、おそるおそる応接室の扉を叩きました。何を言われるのかとドキドキしている私に上司が言った台詞。

「支部長にします。それが嫌なら退職してください」

「へそがまがる」までの私は、それなりの業績をおさめていたので支部長職を拝命することになってしまったのです。ほんの数ヶ月前まで、「いつかなりたい！」と希望に燃えていたのに、何かの拍子にゴロゴロと道を転がりはじめた私は、「自信がありません」と泣きじゃくり、呆れた上司は応接室を出て行ってしまうのでした。

その日の晩、たまたまわが家に遊びに来た友人が、「販売業じゃないからたいへんだよねー。綾の仕事」と、私のグチに対して言ったのです。

販売業と営業の違いを、当時の私はこう理解していました。

〝ある程度、買う気のある人におすすめするのが営業〟そんなふうに熱弁をふるう私に、大手企業に勤める友人は一言、「え？　じゃあ、押売りってこと？」と言ったのです。衝撃的でした。

私が、これまでしていた〝買う気のない人にニーズを喚起し、売る〟という方法は彼女に言わせれば、押売りなのだそうです。押売りなんかするつもりも、しているつもりもなかった私は、「営業って、何なの?」という疑問が頭の中でぐるぐる回りはじめました。今さら誰にも聞けないと思った私は翌日、書店に答えを探しに行くことにしたのです。そして、いろいろな本の中から私が見つけたのが次の言葉です。

「営業は販売と違い、お客様が買入後も担当として対応する。だから買入後も、どれだけその人のお役に立てるか(メリットがあるか)を感じてもらい、自分を選んでもらわなくてはならない。そしてご契約をいただいた後から、本当の営業の仕事がはじまる」――28歳のあのとき、これに気がつかなければ間違いなく今の私はなかったことでしょう。それに気づかせてくれた友人は、私にとって神様です。

真摯に仕事に向き合わず、自分で選んだ毎日に喜びも見出すことができず、日々何となく過ごして、ぐだぐだと大切な人生を終わらせていたかもしれません。たまたまタイミングよく起こったこの出来事をひとつでも見逃していたら、私の人生は大きく違うものになっていたはずです。もちろん、この本を書いていることもなかったでしょう。

そして、それ以来、私は営業スタイルを変えるようにしました。

真剣に、与えられた役割に取り組もうと心に決めて、新しいお客様を探す前に、今すでに私を選んでいてくれているお客様をもう一度訪問しよう。そして、その人たちのために今後、私はどうお役に立てるのか、を探そうと思ったのです。

そう考えながら、仕事をするようになってからの毎日はとても楽しいものでした。時間がたつスピードが早くなったような感じがするほど充実した日々でした。

「今、目の前にいる人が何をしたら喜ぶだろう?」と考えながら人と接すると、今まで、「早く終わってくれ〜」と願っていた人の自慢話も、「私には関係ない」とうわの空だった話も、すべてが楽しく、きちんと聴けるのです。

一つひとつの出逢いが、とにかくありがたいと思うようになりました。**話を聞きながら〝この人は私に何を言おうとしているのか?〟と考えられるようになり、〝この人に次に会うとき、コレをしたら喜んでもらえる!〟ということが、どんどん思いつくようになったのです。**

そして、それを人にして差し上げると、お客様は喜んでくれて「ありがとう」と言ってくれるのです。

「あなたと出逢えてよかった」と、人様に言っていただける。営業の仕事そのものを勘違いしていた頃にはまったく無縁だった、こんなうれしい言葉をいただけるようになったのです。

営業という仕事は、とても奥が深くて難しいものです。そのため、多くの人がその喜びを見つける前に退職してしまいます。

でも、そもそも、この営業という仕事を選んだのは自分自身であるはずです。最初は人に勧められたかもしれないし、お金のためだったかもしれません。でも、それを選んだのはあなた自身です。道を間違えなければ、営業の仕事はとてもすばらしい仕事なのです。人様のお役に立ち、人様に喜びを与え、そしてお給料をいただける、こんなよい仕事を選んだあなたは大成功です。

ただ、仕事の本質に気がつけるかどうかで未来が分かれるだけのことなのです。どうせ働かなくてはならないのなら、誰かが喜び、自分もうれしく、会社に貢献できる人材になりましょう。

人材ではなく、〝人財〟になることで、十数年後のあなたの未来は大きく変わります。私のように〝へそを曲げた〟もったいない時間を過ごさなければ、もっと早くよい仕事方法に辿り着けるのですから。

4 お客様の「ありがとう」タイム

お客様に喜んでいただく何かを見つけたとき、私たちは、一刻も早くお知らせ（お届け）したくなります。

しかし、どんなに〝よいこと〟をしようとしていても、対〝人〟の場合は「相手の時間」について考えてから行動する必要があります。

お客様の大切な時間に、私たちの行為が割り込んでしまわないようにする。ここを注意しなくては、「お節介」と受け取られてしまう可能性があるのです。せっかくの「よいこと」が「お節介」になってしまったのでは本末転倒です。ここに少し気を配ることによって、お客様の受ける印象は大きく変わります。何も考えずにお知らせ（お届け）してしまうことは、とてももったいないと思います。人にはそれぞれの生活があります。何かして差し上げたい人が男性か女性か？　正社員かパートタイマーか？　お子様の有無などにより、その人の〝心にゆとりのある〟時間帯は大きく違うのです。

たとえば、私の体験で言うと、こんな出来事がありました。

私は、５人の子どもを育てています。数年前、末っ子が産まれて６週間の産休をいただいていたときのことです。ご近所の奥様が家事がたいへんだろうと、よくおかずの差し入れに来て下さいました。

その頃の私の生活は、出産したばかりで夜は授乳や夜泣きに付き合い、毎日が睡眠不足でした。上の子どもたちも当時、まだ小学生が中心で、私の体はヘトヘト。私の夢は、「6時間続けて眠ること!」という毎日を過ごしていました。当時の私にとって、おかずの差し入れは、とても有難いことなのですが、彼女は必ず、朝8時半頃か夕方6時頃に持ってきてくれるのです。つまり、上の子どもたちを学校に送り出す時間帯、もしくは夕食の支度をしている時間帯なら、私の貴重なお昼寝タイムを邪魔することはないだろうという気配りです。

たしかに、やっと眠れると思ったときに玄関のベルが鳴れば、たとえ眠くても扉を開けるでしょうし、そのピンポーンという音で子どもが目覚めてしまうかもしれません。同じ育児のたいへんさ、苦労を味わった者だからこその気配りでした。

私の心に、ゆとりのある時間帯に顔を出してくださることで、ちょっとした立ち話は育児疲れをしていた私にとってとてもいい気分転換になり、「ありがとう」の気持ちは何倍にもふくらみました。彼女は、どんなところでも、このような気配りをさりげなくできる人でしたから、いつも人に囲まれ、幅広い交友関係を持っていました。

言われてみれば、「そんなこと」かもしれませんが、そんなことの積み重ねは彼女の人脈となっていたのだと思います。

ふだん、仕事でかけずり回っている私が、家にいた「6週間の産休」。この6週間は、珍しく家にいる私をめがけて銀行さん、子どもの学習教材屋さん、クルマ屋さん、と本当に多くの営業マンが訪問して来ました。その中でも、最も対照的な二つの私の体験があります。そのひとつ目は「家庭用のタンク式のお水」屋さん。

家族の多いわが家にとって、タンク式の水は案外魅力的です。赤ちゃんのミルクを作るお湯も沸かす必要がなくなるため、考えてみようと前向きな検討をしていました。しかし、最終的に私は契約をしませんでした。なぜなら、その営業さんは、必ず私の貴重なお昼寝タイムにやって来るからでした。

生まれたばかりの息子は、姉たちが学校へ行き、留守をしている午後1時から3時まではよく寝てくれました。お水の営業さんが、初めてわが家に営業にやって来たときは仕方がないにしても、パンフレットをいただきながら私は、「この1ヶ月は産休で自宅にいますが、今の時間帯はお昼寝させていることがあります」ということはお伝えしているのです。買入を検討しそうなお客（私）に会い、営業マンとしてやる気になったことは本当によくわかります。しかし、状況をお伝えしたにもかかわらず、その時間に毎回来られると同じ営業をする者として、たいへん残念な気持ちになってしまいました。

ポストに入れられるパンフレットには毎回〝ご検討していただけましたか？　また、うかがいます。よろしくお願いします〟と書かれており、男性にしては字も丁寧でしたが、やはり気持ちはすっきりせず、同じ時間に毎日なるピンポーンより眠気が勝ってしまう…そして頭の中で、「何であの人は、毎回お昼寝時間に来るんだろう。話を聞いていなかったのかな」と思ってしまう私がいるのでした。

二つ目は、ヤクルトレディーさん。初めてお話したときは、やはりお水の営業さんと同じように今の私の状況をお伝えしました。

彼女は、その時間を必ず外して回ってきます。そしてさらに、お試しにと上の子たちが好きそうなジョアを数本くれたりしました。「夜泣きとかたいへんですか？」とか「身体に気をつけて下さいね」なんて優しい言葉を笑顔で言ってくれて、商品の宣伝はほんの少しの時間に絞り、爽やかに帰って行く彼女。私はいつの間にかヤクルトのお姉さんがやって来るのを楽しみに感じていました。健康によいということより、何よりも心を動かしたのは彼女の自然な気配りでした。私のことを想ってくれる人だと感じたのです。

そうして彼女と接するうちに、スーパーでも購入できるヤクルトですが、どうせ買うならこの人のお役に立てればうれしいと思うようになりました。今までお話しした私の体験からおわかりいただけるように、人にはそれぞれの生活があり、心にゆとりを持って誰かと接することができる時間もまちまちだということです。

とくに、相手が異性の場合は、自分の体験などで予想がしにくいこともあると思いますが、せっかく喜んでいただくためのお知らせや差し入れをお届けをするのですから、その人の邪魔にならないかどうかを考えて、価値を高めなくてはもったいないのです。

たったそれだけの気配りで、「ありがとう」の気持ちは何倍にもなり、その場での会話がはずむことも増えるでしょう。

これが友人・知人ではなく、営業先（お客様相手）であれば、考えることはひとつの礼儀だと思うのです。このようにして何か行動を起こすとき、ちょっと相手のことを考えながらスケジュールを立てることをすれば、その後の成果（お客様との人間関係）が大きく違ってくるはずです。そして、それは必ず価値ある喜びの声となり、あなたの耳に届くようになるのです。

5 あなたに逢えてよかった

売りたいのに、売れない。こんなにがんばっているのに、なかなか結果が出ない。その原因はいったいどこにあるのでしょうか？

答えは、その思考回路にあるのです。

前章でも少しお話ししましたが、間違った考え方で営業という仕事に向き合っていると、たとえそれなりの業績を収めていたとしても、いずれどこかで何かがショートしてしまいます。仕事（業績）に追われ、誰のために、何のために自分たちが存在するのかを見失っては、よい仕事はできません。

もっとプラス思考に考えて、営業人生を楽しいものにしたいと思いませんか？　私はある頃から、**「何をしたら、『ありがとう』と言っていただけるのか」**と考えるようにしていました。

そう考え方を変えることで、毎日の生活が劇的に楽しくなりました。そして、それを10年続けているうちに、「ありがとう」の一歩上をいく**「あなたに逢えてよかった」**と言ってもらうには私はどう生きたらいいか、という考え方に変わっていきました。〝あなたに逢えてよかった〃というフレーズを、少しでも多くの人に言っていただくことが今の私の「毎日の目標」です。

「売りたい人（保険業界では見込み客という）」をリストアップするより、「喜んでもらいたい人」をリストアップするほうが、誰でも多くの人の名前が書き出せるはずです。リストの中にご自身の両親や子どもたち、友人やお客様があってもいいでしょう。人生レベルで考えてほしいのです。その思考方法で、毎日営業方法を考えてみると〃自分にできること〃は、とてもたくさんあるものです。私の手帳の喜ばせたいリストを少しご紹介しましょう。

5月

①A様　8日、お誕生日。メールを忘れない
②H様　20日お店がオープン。お祝いは何がよいか？
③Y様　先日悩んでいたお話、元気になったか顔を見に行く
④T様　10日〜旅行へ行く。行ってらっしゃいメールをする
⑤K様　T様をご紹介したい。2人の仕事がつながるような気がする！
⑥息子　誕生日。ケーキの他にハンバーグを作る！

⑦父　近頃ご無沙汰。今月中に実家に顔を出そう
⑧K様　先月風邪をひいていた。仕事が忙しいらしい。栄養ドリンクをお届けしよう

このように、月初にリストアップしていきます。お客様だから親切にするのではなく、出逢った人、ご縁のある人、すべてに同じように接するということが、このリストの肝になります。頭の中に「仕事として親切にする」とインプットしていたのでは、悲しいと思うのです。お客様でも友人でも、自分と縁のあるすべての人に幸せになってもらいたい。そう考えることによって、自分自身がどんどん変わっていく。これは本当にあることなのです。

私はこの方法に変えてから、最もうれしかったのは、お客様に〝あなたに逢えてよかった〟と言っていただけたことです。それはこんないきさつがありました。

いつものように、月初のリストアップで私はM様を予定していました。M様の家にはまるで娘のように可愛がっていた愛犬ララちゃんがいたのですが、先月、ガンが発見されました。余命宣告を受け、M様はとてもショックを受けていらっしゃいました。私は、M様もララちゃんも気になり、ララちゃんの好物を持って顔を見に行く予定をしていました。

M様とはお付き合いが長く、平日の九時〜十時にゆっくりされていることを知っていた

ので、お電話もせずに訪問したのですが、私が伺う数時間前に、愛犬ララちゃんは息を引きとっていて、明日には火葬をするということでした。たくさんのお花に囲まれた愛犬ララちゃんは、まるで眠っているようで、いつも私が訪問すると元気に吠えて、M様を呼びに行っていた日のことが思い出されます。

気がつくと、もう10年近くもララちゃんの声を聞いていた私も、淋しさでいっぱいになりました。お線香をあげさせてもらって帰ろうとすると私に、「よかった。最後にあなたに逢えて。みんなに送ってもらって幸せだわ、ララは。ありがとうね」と私を見送ってくださいました。

日々、お客様のこと、誰かのことを思っていると、本当に不思議なほど、タイミングが合うものです。もし、この日私がM様を訪問しなければ、私はララちゃんとさよならできなかったし、火葬の日にお花をお届けすることも間に合わなかったでしょう。

そして、M様から「最後にあなたに逢えてよかった」と言っていただくこともなかったのです。「喜んでいただくリスト」を書くためには、相手のことを想う気持ちが必要となります。

相手の喜びを考える習慣が自然と身につくだけでなく、その想いは、不思議なほど相手に届くのです。

「売りたいためのリスト」から、温かみのある人間関係を育てるのはとても難しいことです。営業的に人と向き合うのは、いずれ相手に必ず伝わっていくものでしょう。リストのタイトルを変えてみることで、私たちの思考回路も大きく変えられるのです。

「売るためのリスト」からアポイントを取って訪問しても、「今日はどう説明しようか」と頭の中で考えてしまい、どんな笑顔を作っても、おでこには〝営業に来ました。商品説明を聞いて下さい〟と書かれているような行動になってしまいます。

逆に、人を喜ばせようと考えて訪問してくる人からは、自然に優しい微笑みが出るはずなのです。

そうして、人とのご縁を育てて、多くの「ありがとう」を集める仕事の習慣を早く身につけて、すてきな営業生活を送っていただきたいと心より願っています。

6 選ばれる営業マン

あなたは〝自分〟という店の経営者です。経営者ですから、5年後10年後の店がどうなっていたいかということを考えなくてはなりません。「今だけ何とかなればいいや」という経営では社員は安心していられません。社員はあなたの家族なのです。

そのために、選ばれ続ける営業マンになる必要があるわけです。選ばれる営業マンになるために勉強をされる方はとても多くいらっしゃいます。〝営業の教育〟の中に、よく「相手の心を開かせる」という言葉が出てきますが、私は最近、この考え方はいまいちだと感じています。

というのは、相手に心を開かせることをしたければ、まず自分が先に心を開かなくてはならないと思うからです。相手に期待する前に自分がしなくてはならないと思います。そんなに簡単に、会ったばかりの人に心の扉を開く人間はいないからです。それなのに、そこを教えるものはないに等しいのです。だからこそ、〝自分自分〟という営業マンが増えるのではないでしょうか。ですから、正しくは〝自分の心の扉を開けば、お客様も扉を開く〟のだと思います。

また、お客様と私たちはパートナーであり、どちらが上でも下でもありません。同等の立場です。専門的な部分のみ、私たちはアドバイスすることができますが、それ以外は同じ目線で考えるパートナーという理解をしたほうがいいでしょう。

お客様が自分よりも年上ならば、人生の先輩であり、逆に教わることが多くあります。

年下なら、自分がしてきた経験をお伝えして何かお役に立てるかもしれません。お客様は神様だというようなお付き合いより、人対人の付き合い方をしてご縁を育てていけばいいのではないでしょうか。

今の時代は、幸福観もさまざまです。家やクルマを買うことを〝幸せ〟だと思っていた時代が終わり、百人いれば百通りの価値観が存在します。「共通項」が少なくなった時代だからこそ、私たちはもっと学ぶ必要があるのです。

私はいつも、〝利害があろうとなかろうと、そのときにできることを精一杯する〟ことを決めています。

「すごい人脈だね」と言っていただくことがありますが、知り合いの数が多いかどうかよりも、私が大切にしているのは自分がどう相手に認識されているか、ということです。そしてご縁をいただいた相手に忘れられない人になれるように努力をすること、私を必要としてくれる人に、必要なものをお伝えできるパートナーでいられるようにしていこうと努めています。選ばれる営業マンになるためには、自分の店（自分自身）に人が集まるようにする。簡単に言えば、そんな感じでしょう。

では、あなたがお客様だとしたら、どのような場所（店）なら行きたいと思いますか？「私なら、こんな店に行きたい」というものを書き出してみましょう。

・よいものがあるところ　・感動できるところ　・自分のためになるところ　・夢や希望のあるところ　・快適なところ　・仲間のいるところ　・満足できるところ　・心のあるところ　・幸せを感じられるところ　・評判のよいところ

こうして書き出したこと、それが、今からあなたが目指すべき目標です。

年上のお客様がとても物知りだったので、「勉強になります。これからもいろいろと教えて下さい」と言ったところ、とても喜んでいただき、私はその方から、今に生きる知恵を学ばせていただいています。経営者の方の失敗談を大爆笑して聞いていたら、「いつも楽しそうに聞いてくれて、ありがとうね」とお礼を言っていただいたことがあります。「今度食べに来ます」と約束したお店に行ったら、「本当に来てくれる保険屋さんってあまりいないわよ、うれしいわ」と喜んでいただいたことがあります。

営業とはとてもシンプルで、スキルを磨くことより、当たり前のことに気づくことが、選ばれるかどうかにつながるものなのです。あとは、それを日々行動に移せるかどうか。そしてそれを続けられるかどうかだけなのです。

私は、この生き方がいずれ仕事にもつながっていくということが、ある日を境に理解できるようになりました。

お客様から「あなたの保険の話、聞いてみたいわ」とお互いを理解し合えたときに言っていただける経験が、ある日突然やってきて正解を教えてくれたのです。

どうして、この営業の方法を教えるしくみが世の中にないのか不思議なくらいに、成果につながる仕事の仕方です。**選ばれ続け、売れ続ける営業マンになるためのヒントは、自分が人に心を開くこと。**

そして、自分が行きたいと思う場所に自分自身を育てることです。

3章

営業マンが守るべき〝自分との約束〟〝お客様との約束〟とは

どんな仕事にも共通すること

私たちは昔、親から「お友だちに意地悪をしてはいけない」「嘘をついてはいけない」「約束を守らなくてはいけない」「困っている人に出会ったら助けなくてはいけない」「借りた物は返す」「〝ありがとう〟〝ごめんなさい〟をきちんと言う」「人に優しい大人になりなさい」と教わって育ちました。そして、親になり自分の子どもたちにも同じように教育することになります。

自分自身の周りを見渡すと、これって案外、「大人社会では守られていないな〜」と感じることはないでしょうか？

自分の利益のために、人に嘘をつく大人。毎回必ず遅刻してくる大人。会社の中でいじめられているという話も、残念ながらよく耳にします。

子どもの社会も大人の社会も、基本的に大切なことは同じはずではないでしょうか。そしてさらに言うと、営業マンだろうと事務員だろうと経営者だろうと、社会人として重要なことだと私は思っています。社会人になるということは、社会に参加するということだからです。

社会には多くのルールがあります。「ルールを守る」「ルールに従う」という捉え方ではなく、社会参加をする中で〝人に迷惑をかけない〟〝他人に不快な思いをさせない〟ためにルールはある、という思考を持つことが必要です。そしてルールを〝守る力〟を身につけることは、仕事にも共通して重要なことだと思うのです。私が大切にしているのは、次のたった三つのことです。

①約束の時間を守る　②自己責任を持つ　③不機嫌にならない

です。

①の、「約束の時間を守る」というのは些細なことのようですが、お客様だけに限らず、社内の人間関係でも友人でも、すべてにおいて守る力をつける必要があります。5分、10分なら遅れても許されるだろう、といつの間にか思い込んで生活をしていると、かなり損をすることになります。

なぜなら、この少しの時間の遅れによって、「自己管理能力の低い人」と判断されてしまう場合があるからです。時間を守らないルーズさは〝遅れても許される〟と無意識に思っている点に問題があり、他人に甘えがちな性格と判断される場合があります。ひと昔前は〝飲み会〟や〝合コン〟に遅れて行くほうが、目立つから相手の印象に残りやすいとか大物感を印象づけられると言われていましたが、やはりこのようなことが許されるのは、本当に忙しいごく一部の人だけでしょう。

②の「自己責任を持つ」というのは、自分の権利を主張する前に、まず責任（義務）をはたすべきだということです。権利と責任（義務）は一体にもかかわらず、自分の言い分だけを主張するのはよくありません。結果がよかろうと悪かろうと、その結果に責任を持つ姿勢が社会人には必要です。自分の言動に責任を持ち、他人の好意に甘えすぎないことが大切です。責任は他人に押しつけて権利を主張するのは、側にいる人に迷惑をかけることになります。

③の「不機嫌にならない」というのは、人付き合いにおいてとても大切なことです。不機嫌になる理由はいろいろとあると思いますが、この感情を抑えられずに人と接していると人生大損をすることになります。本人は、自分の気持ちを察してくれるはずと思っているかもしれませんが、不機嫌に付き合わされる周囲の人間にとっては、たまらなく苦痛な時間になります。

それが毎回となれば〝幼稚な人だ〟と思われるでしょうが、不機嫌な人にそのことを注意するほど、世の中の人は親切ではありません。最終的には心の中で〝関わりたくない人・できるだけ避けたい人〟と思われてしまうはずですから、実に恐ろしいことです。

この些細な三つのことを、社会人として守る力をつけることは職種に限らず大切です。

私は高校生の頃、マクドナルドでアルバイトをしていました。

マクドナルドでは、アルバイトに対しても細かく指導があり、社員の方から合格をいただくと昇格したり時給が上がります。なかでも、〝笑顔で接客をする〟ということには、とても厳しい指導があり、自宅に帰っても、笑顔が直らなくなるほど、店内では気をつけていました。当時、私の勤めていたマクドナルドでは、アルバイトが10台のレジにいっせいに並び、30分で、どのレジが一番売上げるか？　というテストがありました。

駅前の大きな店舗だったため、次から次へとお客様が入店なさるのですが、笑顔いっぱいの店員のレジは必ず行列ができていました。

一方、笑顔の少ないレジは買うものが決まった、急いでいるお客様が並ぶということが多く、レジを閉めて売上げを計算すると、合計金額にはかなりの差が出ます。笑顔いっぱいのマックのお姉さんに、「ご一緒に、今日新発売のシェイクもいかがですか？」とすすめられると、ほとんどのお客様はプラスして買ってくださるため、30分の間にみるみる売上げに差がつくのです。それだけ、笑顔には人を引き寄せる力があるのです。

私のお客様には接客のプロがいらっしゃいますが、その方はこう言います。「イライラする、体調が悪いなどの状況でもにこやかにしていられるのが〝大人〟というものだ。そんなこともできないのなら、その日は人前に出ないほうがいい。他人に迷惑をかけるだけだから」と。

どんな仕事でも、人と関わらないものはありません。人と関わる以上、大人のマナーとして、この三つを身につけておくこと。これは、どの仕事にしても共通する優しさなのだと思います。

2 見込み客ってNG?

「お客様を第一に」「お客様のオンリーワンに」——営業をしている人なら、一度は耳にするフレーズです。お客様のオンリーワンになることはすばらしいことであり、人と人との、このような関係を築き上げられることは営業の醍醐味です。ところが一方で、社内では成果になりそうなお客様を「見込み客」と呼び、営業職員はリストアップの作業を指導します（見込み客というのは商品を買う可能性のある人、今月の成果のターゲットとして選定した顧客を言う）。

お客様のことを親身になって想える人がオンリーワンになるのに、一方では勝手に成果の見込みとしてカウントしていくという作業に私は矛盾を感じるのです。少し自分勝手すぎるのではないでしょうか？　お客様の信頼を得ることを目的とするなら、「見込み客」という呼び方で人様を考えるのは身勝手だと思いませんか？

また、働く営業マンサイドとしても、大切な人をこんな商業的な目線でリストアップ「させられる」と感じてしまったら辛さが伴います。「させられる」と感じてスタートする仕事には、喜びも楽しさも見出すことはできないでしょう。そもそも、お客様を得るための活動の基本には、「させられた」とか「しなければならない」ではなく、「してみよう」とか「して差し上げたい」という気持ちがなくては、よい仕事にはなりません。会社側の言う、オンリーワンを目指すならば、営業職員の心は「して差し上げたい」からスタートしなくてはならないのです。

一歩離れて見てみると、私たちの業界にはおかしな習慣や変な感性が多くあるものです。ですから、それが今、自分のお客様にとって最善かどうか。自分たちの仕事の方法として最善かどうか、自分で考えることをしなければ、営業は矛盾だらけの心苦しさのある仕事になってしまいます。

人は、必ず誰かに好かれ、誰かに嫌われるものです。自分では正当に思って行動していたとしても、すべての人に理解されるわけではありません。〝他人に信頼される〟ということは、そう簡単なことではないため、自分の脳内に活動目的をしっかり理解させることが重要なのです。

そこで、私はこうしています。「見込み客」という呼び方で、人様を呼ばない！ 活動がしやすいようにスケジュールを立てる際、リストアップはしますが、「見込み客」ではなく**「今日会いたい人」**と考えるようにしています。

1章からお伝えしたとおり、営業マンには、相手を想う気持ちが大切ですから、リストのタイトル自体も、身勝手な「見込み客」ではなく、「会いたい人リスト」とか「想う人リスト」のような書き方にしてみてはいかがでしょう。

会いたい人のリストなら、多くの人の顔が思い浮かばないでしょうか？ 私がここに気づいたのは、10年ほど前に聞いた友人の愚痴がきっかけです。その友人は、幼馴染の保険営業マンの生命保険に加入していました。

ある日、営業する幼馴染から保険の切り替えを勧められたそうです。月々の支払いが高くなるのが嫌で、設計書を渡された数日後、幼馴染の営業マンに「今回はごめんね」と電話したとのこと。

そのときの営業マンの第一声は、「今月の〝見込み客〟Nしかいないのよ〜。困ったなー」というものだったそうです。

その友人は、ショックと怒りのあまり同業者の私に電話を寄こし、「見込み客って失礼だ」「信頼して加入したけれど、自分の利益のカウント1になっていたかと思うと腹が立つ」とこぼされたのでした。保険会社で働いている側から見ると当たり前の「見込み客」というフレーズは、お客様からしたら腹の立つ言い方だということを、友人の体験から知ったのです。

人と人との関係を育てて信頼につなげるには、商業的な感性や言葉は相手の心を傷つける場合があります。そして営業マンも「させられた」と感じる作業からは、結果的にお客様からの信頼も信用も生まれにくいと思うのです。

少し話は変わりますが、私はこの業界に好きで飛び込んだわけではありません。小さな子どもを3人も抱え、学歴のない私を雇ってくれる職場はこの業界しかなかったのです。たまたま就いた仕事を好きになった…いえ、自分自身で好きにしただけです。ですから、もし今からまったく違う仕事をしたとしても好きになる考え方をして、いつの間にか大好きな仕事にすることでしょう。**〝好き〟とか〝うれしい〟という感性を自分で作り出すことは、自分だけでなく、関わるすべてによい結果を生み出すものです。**

日々の仕事の中のちょっとしたフレーズや考え方が、自分の〝好き〟にあてはまるかどうかを考え、環境を作り出します。

それができれば、お客様に対する想い方、行動の仕方にも変化が出てくるでしょう。会社から与えられる仕事を、自分らしく楽しめる方法に変えてみましょう。

「見込み客」ではなく、「会いたい人」「喜ばせたい人」「想っている人」という見方に、心の中だけでもこっそり変えてみてはいかがでしょうか？

きっと、リストアップすることも、今までとは違うものに変わるはずです。

3 「与える側」に立てる人になろう

「与える側」に立てる人になることが大切だと私が言う理由、それは私自身が長きにわたって、このことに気がつかずに生きてきたからです。

私は、もともと向上心の強い人間でした。保険業界に身を置くことを決めた25歳のときには「こうなりたい」という具体的な目標があり、それに向けてなりふりかまわず仕事をしていました。

業績も上り調子で、あっという間に全国ランキングにノミネートされるようになり、数年後には5年連続ナンバーワンを手にするようになりました。当時の私は、幸せは自らの手で獲得するものだと考えていました。はじめてのナンバーワンを手にするその日までは…そう、本気で思っていたのです。

〝ナンバーワンになれば幸せになれる〟――今思うと、なぜこのような思考をしていたのかと不思議に感じますが、当時の私は、そう信じていました。そのために、私は使える時間はすべて仕事に費し、家庭を犠牲にしたのです。

働く私の手伝いをよくしてくれた長女。当時はまだ小学生でした。小学生の娘が夕食の支度を、多いときは週3回もしてくれていました。今思い返すと、「ごめんね」という気持ちでいっぱいになり胸の奥が熱くなってしまうのですが、当時の私はそれが〝当たり前〟だと思っていたのです。4番目の子どもが産まれ、6週間の産休しか取らずに私は働いているのだから、そのくらい当たり前。そんな母親でした。

1年間も、遊び盛りの娘の時間を奪ってまで私が手にしたかった幸せとは何だったのでしょう。中学生になった娘は、家が嫌いだと言うようになりましたが、私はそれを「反抗期」だととらえ、頭ごなしに彼女をよく叱りつけました。「ママは忙しいの。困らせないで」――いつも心の中でそう思いながら、ずっと私を支えてくれた彼女を認めてあげることもせず、顔を合わせれば叱るばかりでした。いつの日か、娘とともに笑い合う時間はなくなっていきました。奇しくも、娘が家出をし、警察に発見されたのは、私がナンバーワンを取って表彰台に上がる数時間前のことでした。この出来事は、神様が私にくれた「人生最大のプレゼント」であり、気づきのチャンスだったと思っています。今の人生が幸せでありがたいことだと気づかなければ、何を得ても幸せにはなれません。表彰台でスピーチをしながら、そんなことを考えていたことを今でも覚えています。

　子どもたちにそんな想いをさせてまで手にしたトロフィーはとても軽いものでした。「こんなもののために、私は何ということをしてしまったのか」「ごめんね」そう思うと、表彰台で涙が止まりませんでした。

　前置きが長くなってしまいました。与える側に立てる人になることについて、考えてみましょう。自分が人に与えられるものには何があるでしょう。物、お金、知識、場所、優しさ、元気、気配り、感動、勇気、許し、笑顔、承認、愛、癒し…与えるものというのは目に見えるものに限りません。

　誰かの役に立ちたい、誰かを助けたい、人を愛したいというように、目に見えないものも多くあります。釈尊の教えに、「与えるものは友達を作る」とあります。**目の前の人に与えることのできる人間になる、見返りを求めず与えられる人になることは、幸福のコツなのだと思います。**人間は、1人で生活することは不可能であり、家族を含めて幸せな人づき合いをしていくこと。それはいずれ、自分の本当の幸せとして訪れるはずです。

私は、娘に何も与えていなかったことに気づき、与えることを真剣に考えるようになってから、4度、ナンバーワンをいただきました。家族に対して、今日出逢った人に対して、いつも側にいてくださる人に対して、何か与えられることを見つけながら日々過ごすように自分自身を変えてみると、ナンバーワンは勝手についてくるようになったと感じています。お客様の必要なときに、必要な〝もの〟や〝こと〟を与えることこそ価値があることも、理解できるようになりました。

話は変わりますが、6年ほど前、私の持つグループで朝研修をしていたことがあります。もし余命が半年と言われ、リビングニーズ（死亡保険金を生きている間に受け取ること）の対象に自分がなったとしたら、あなたは毎日何をするでしょうか？　という話をしました。

死ぬ日が決まっていると仮定すると、残りの時間を自分が何をして生きていかなければ後悔するか、それがよくわかるものです。

若かりし頃、ほしかったマイホームやお金、身につけるものなどは残り人生がほとんどなくなったときには不要であること。それよりもお世話になった人に「ありがとう」を伝えることや、今抱えている仕事を終わらせること、家族と過ごす時間や愛を伝えることというように「与える行動」が大切なことがわかるものです。**人の行為は滅びないとはよく言ったもので、最後に残るのは、得たものではなく与えたものなのでしょう。**昔の私のようにに、今の幸せに気づかず目標を掲げてそれを達成したとしても、幸せにはなれないようにできているのです。

今の自分の幸せに気づいて目標や夢を見つけてチャレンジをするから、苦労も乗り越えられ、楽しむことができるのです。何をしていても、どんな状況に生きていても今の幸せを知り目標に向かって人生を楽しんでいる人には、誰も敵いません。

そして、自らの人生を楽しみ〝与える喜び〟を知っている人に、必ず人は集まってくるのです。

営業という仕事は、業績を上げることが大切です。ですが、それは人様から奪い取るものではありません。誰かを悲しませて、獲得するものでもありません。自分が与える側に立つことで、最終的に集まってくるものが本物の業績です。誰にも語らずにきた私の失敗。失敗する前に気がついていただければ、と心より願っています。家族に迷惑をかけていたあの時代から、もう9年が過ぎました。お陰さまで、小学生だった娘たちも大人になりつつあります。あの子たちの笑顔を見ていたい。そのために、今日も私は楽しくがんばる。そして、出逢う人に何かをして差し上げられる人間でいられるように生きていようと強く思い、明日への活力としてつなげているのです。

4 縁のある人を忘れない

私も、それなりの年齢になったせいか、近頃は若い営業の方から相談を受けることがあります。相談内容の多くは、〝新しいご縁（出逢い）を、これからどう自分の仕事につなげたらいいのかがわからない〟というものです。人生の限られた時間の中で、しかもこれだけ地球上に人が生きている中で〝出逢う〟のですから、人との出逢いは奇跡的だと思うし、大切なご縁だと考えています。しかし、〝新しい出逢い〟にばかり目を向けてしまうことは、私は間違いだと考えています。

ましてや、つい昨日や今日出逢った人をどう自分の仕事につなげようかと考えることは、逆に遠回りだと思うのです。〝ご縁〟とは人と人がつながることですが、巡り合わせとしての〝ご縁〟を越えて情の動く関係になることが大切です。それをずっと大切にしていくと、断つことができない強い結びつきとなり、〝絆〟になるのだと考えています。

私が何を言いたいのかというと、まず先に、目を向けるべき〝ご縁〟は今までの出逢い（すでに出逢っている方）のほうだということです。家族、恩師、同級生、今までのお客様、友人、この中の苦手だ、嫌いだと感じた人も含めたご縁のことです。

これは、新しく出逢う人を大切にしなくてよいということではありません。

今、あるご縁を大切にすることがまず先ですよ、ということです。どんなにあなたが誠実で優秀でも、出逢ったばかりの人にそれがすぐに伝わることはありません。

場数を踏んだ人生経験豊富な人や、直感力の優れた人以外のたいていの人は、本物かどうかを確認してから信頼するのです。

古いご縁の相手は、すでにあなたのことをいくらかは理解していることでしょう。まずその人たちとのご縁を深め育てることが先ではないでしょうか。

前章でもお伝えしましたが、人との縁を育てたければ相手の心の扉を開いていただく前に、自分が心の扉を先に開くべきなのです。そして、行動して形にしていくのです。

では、どう行動するか。

毎日の生活の中でお金を遣うとき（物を買う、食べる）に、ちょっと考えてみて下さい。「限られた時間とお金で、誰を喜ばせようか？」ということを。**お客様の手土産を買**

うときは必ず知人（今まで縁のあった人）の店から買う、ランチをするときは必ず知人（今まで縁のあった人）の店でする、という基準を持つことです。

もし、それらの店をやっている人がいなければ、知人の知り合いの店を利用します。たとえば、○○様のご紹介でお邪魔しましたとお伝えすれば、お店も知人も一度に喜んでいただくことができます。それに、思わぬサービスをしていただいたり、こちらの希望が言いやすいなどというお得もあったりします。

感謝されるお得。喜ばれるお得。こちらの希望を言えるお得。どうせ買うのであれば、自分も相手もお得なほうがいいとは思いませんか？

縁ある人のお店のお値段が少々高くても、これも接待費だと考えれば安いものです。

〝今まで、人の力を借りて生きてきたこと〟を知っている、そしてそれに感謝しているのであれば、このようにご縁を忘れないで行動をし続けるべきです。

自分自身の今までのご縁を見渡してみて下さい。洋服屋さん、宝石屋さん、雑貨屋さん、コンビニエンスストア、不動産屋さん、お医者さん、いろいろなお仕事をされている知り合いをお持ちのはずです。そのご縁を大切にすればいいのです。

以前、次のような体験をしたことがあります。お世話になったお客様Aさんを友人Mちゃんの親戚の店へディナーにご招待しました。

Mちゃんを通して予約をしたので、Mちゃんはとても喜んでくれました。当日お店に行くと、オーナーが席まで顔を出して下さり、格別なおもてなしをしてくださったので、Aさんにもたいへん喜んでいただき、今はその店の常連さんになっています。

そして、オーナーは私が食べに行くたびに〝よいお客様を紹介してもらったよ〟と、デザートをサービスしてくださるのです。

このように、日々の生活の中には縁を育てる場面が多くあります。それには縁ある人を忘れないことです。

今までのご縁を大切にしましょう。そして、みんなが喜べることを見つけ、自分が行動して繋げていきましょう。

5 ～縁を育てる～

施し（ほどこし）…意味は、恵みを与えること。（国語辞典より）

人との縁を育てるには、〝施し〟の精神が必要です。では、縁を育てるための施しとはどんなことでしょう。施しとは、目に見えるものを与えることばかりではありません。

七つの施し（仏教の法話より）

眼施（がんせ）―　優しい眼差しで接する。

和顔施（わがんせ）―　和やかな顔を見せる。

言施（ごんせ）―　優しい言葉をかける。

心施（しんせ）―　思いやりをかける。

身施（しんせ）―　自分の体で奉仕する。

床座施（しょうざせ）―　人に席を譲ってあげる。

房舎施（ぼうしゃせ）―　わが家を人のために提供する。

日本に古くからある、このすばらしい教えをご存じの方は多いでしょう。この七つの施しは、お金のかかるものではありません。財のある人は、その財に応じて施せばいいいし、ない人なら他の方法をすれば、人との縁は自然に育つものです。

ただし、する側に立つとき、気をつけなくては恩着せがましくなってしまうことも知っていなくてはなりません。あくまでも、施された側が喜んでいなければ、意味のないことなのです。**いかに気持ちよく施しを受け取っていただくか…ここが、最大の気配りのポイ**

ントです。目に見えるもので施す場合は、とくに気を配ることが大切です。

実は世の中には、〝何かをしてもらうことが苦手だ〟と思っている人が大勢います。どちらかというと、私もそのタイプで、たとえば、「ごちそうするから食事に行こうよ」と誘われると、申し訳ない気持ちが先にきて、手離しで喜べなくなります。

ですから、私が誰かにごちそうするときは、ごちそうするそれなりの理由を付け加えてお誘いするようにしています。何かを差し上げるときも同じで、受け取る人が「それならもらっておこう！」と喜んでいただけるような理由を一緒にお伝えするのです。そうすることで、「ありがとう」と、素直にお誘いを受け入れてくれます。

施しとは、見返りを求めてすることではありませんが、残念ながらそうでないと考える人も世の中には存在しています。

自分の立場を優位にするために、人に貸しを作ろうとする人間もいるし、貸しを作ることで、その人をコントロールできると考えている人も、残念ながらいるのです。

与える側の想いは違っていても、受け取る側からすると施しなのか、はたまた貸しなのかがわかりにくいため、受ける側になる場合も注意が必要です。貸しとまでは思っていなくても、見返りを少しでも期待した施しは、「小さな親切大きなお世話」になるでしょう。

このように相手が感じてしまう理由は、する側が「私は、あなたに〇〇してあげた」

「私に、お礼がない」「見返りがない」などと無理にありがたがらせようとしたり、「感謝をしろ！」と思っていることが原因です。これでは、施しではなくなってしまいます。

万一、そのような人から気づかずに受け取ってしまった場合は、「うれしかったです。ありがとうございました」と、やんわりピリオドを伝え、次のお誘いを受けた場合は、「お気持ちだけいただきます」とお断りする強さを持ちましょう。


目に見えない施しは誰でもできることです。このような姿勢で人と接していると、必ずその心は相手に伝わります。人の心がほっこりと穏やかになる仕草や行動ができる大人は本当に素敵です。

私が憧れる、お客様のお話をしましょう。そのお客様は、決して豊かな生活をしているわけではありません。夫婦共働きでアパートに住み、つつましく暮らしていらっしゃいます。彼女と私は、自宅がわりと近く、年に数回お茶をします。女性が集まると、最も話題になりやすいのは、夫の悪口、ご近所の噂話や勤め先のグチなどです。ところが、彼女は何年お茶をしていても、一切この手の内容を口にしません。そして、いつも笑顔で穏やかでいます。それだけでも、十分魅力的なのですが、彼女はファミレスの募金箱に飲食代のおつりを必ず入れます。

「エライね」と私が言うと、「うちはこのくらいしかできないから」とさらりと言うのです。彼女のように無理をせず、身の丈に合った施しをさりげなく続けられる女性でいたいな、と彼女に会うたびに私は思うのです。

もし、彼女が生命保険の営業をはじめたなら、私は彼女に協力しようと思うでしょう。そして、多くの仲間も、彼女であれば、生命保険について相談してみようと思うはずです。

彼女のことをよく知っている私たちは、彼女を信頼し、信用しています。彼女であれば、誠実に対応してくれるだろうと思っているのです。日々施せる人にはご縁が育ちます。ご縁を育てるために施すのではなく、施せる人にご縁が育つのだと思います。

その人がどう生きているかを、案外人は見ているものです。そしてその生き方は、自然と顔や行動、言葉の端々に表われるものです。

営業マンとお客様という関係より前に、人と人との人間関係があり、最終的に選ばれるのは、他人の幸せを考えられる人間ではないでしょうか。

もっと言えば、そのような感性のない人は人様の人生設計をしてはならないのです。

6 小さな約束

「あなたの保険に入るわ！　何でもいいから、うちに合うおすすめを持ってきてちょうだい！」――そう私に言ったのは、カフェを経営する40代の女性でした。彼女と会うのは、まだ今日で三度目。しかも、たまたま食事に入っただけの三度目。知人でもなんでもありません。

私は彼女が女性だということ、カフェの経営者であることくらいしか知らない、その程度の関係でした。それでも、彼女は明日お店が暇な14時頃、申込書を持ってきてほしいと言うのです。もしかしたら、茶化されているのかもしれない、と半信半疑な新人の私に「ちょうど入ろうと思っていたんだから、いいんだよ！　忘れないで必ず来なさいよ！」と笑うばかりでした。

翌日、ご案内をお持ちすると、彼女は「ふんふん」と内容を見て、「じゃあ、これに入るわ」とあっさりとご契約を決めてしまわれました。

新人の私は、突然の「タナカラボタモチ」に右往左往したのをよく覚えています。たった三度の訪問で、彼女が私を選んだ理由を聞いてみたところ、それは実に小さなことが決め手でした。

一度目の訪問のとき、1人で私はその店で食事をしました。そのカフェを選んだ理由は、訪問先のお客様の自宅近くでは、その店くらいしか食事を取れるところがなかったからです。テーブルで書類を整理していると、お水を持ってきた彼女に「どこの保険屋さん？」と聞かれました。会社名を名乗ると「あー昔、私、加入していたわ。カレンダーあったら一つくれない？　今カレンダーって案外高いのよね」と彼女は笑って言いました。

そのとき私は、手元にカレンダーを持っていなかったので、「いいですよ。今度持っていきます」とお答えして店を出ました。それから数日後、私はカレンダーを持ってお店を訪ね、ついでにランチをして帰りました。それからしばらくときが過ぎ、たまたま、三度目に食事に入ったとき、冒頭の「保険に入りたい」事件が起こったのです。

そう。決め手はカレンダーだったのです。「今度持っていきます」と自分で約束したことを守ったという、たったそれだけのことで、私は予想外のご契約をいただくラッキー女になったのでした。

彼女に言わせれば、「今度持っていきます」とか「今度食べにいきます」って、どの業界の営業さんもすぐそう言ってくれるけれど、本当に来る人っていないのよね、とのことでした。自分で人に言った約束は、どんな小さなことでも必ず守ること。

自分が口に出したことを忘れないこと。言われた相手はそれを覚えていて、その約束がはたされるかどうか、見ているものなのです。

「今度とおばけは出たことがない」とはよく言ったもので、たしかに「今度、何かあればお声がけしますね」と言っていただいたとしても、本当に声がかかることは少ないものです。言う側は、そのとき何となく言った台詞（社交辞令）である場合が多いということです。ですから、私たちは自分が発する一言、一言をきちんと覚えておいて、「～します」と自分から言ったことは守ればよいのです。

約束を守らない人が多いからこそ、〝約束を守る〟という当たり前の行動をするだけで、信用につながります。実にシンプルで簡単なことではありませんか！　待ち合わせの時間を守るなどの約束ごとと同じで、このような日々の小さな約束を守るからこそ、お客様は大きな約束（ご契約）をしてくださるのです。

お客様とのお約束だけではなく、借りたものは返す、どんな少額でも借りたお金はお返しする、提出期限は守る、ということは人づき合いをしていく上で、信用・信頼をしていただくうえで守るべき大切なことです。

このくらいなら大丈夫だろうと思って行動をしていると、それは自分の株を下げることになるのです。

大人になると、社交辞令が必要なときもありますが、「約束」と「社交辞令」は言われた側にとっては、なかなか見分けにくいものです。

もし自分が言う側に立ったときは、どんな小さな約束でも「守る」ことです。自分の口に責任を持つことは、自分のためなのです。

こんな些細なことを守るだけで、信頼、信用していただくことができるのです。

今までの行動や言動で、「あっ！」と気がついた方もいると思います。そのようなとき、明日電話でもして、「あのときの約束がそれっきりになってしまってごめんね」とお伝えしてみてはいかがでしょうか。連絡をもらったその人は、あなたを改めて好きになると思います。大げさに聞こえるかもしれませんが、これは本当です。

人には心があります。誰だって、好きな人を信頼、信用するものです。

小さな過去の失敗も、明日からあなたの行動ひとつで変えられます。そして、それは自分が約束をきちんと守れた自信につながるはずです。

「あの人って、いつも口だけだよね」と思われる人になるか、「あの人って、約束を守ってくれる人ね」と思われる人になるか。どちらのタイプの人を、あなたは仲間にしたいでしょうか？

皆、答えは同じでしょう。そして、あなたの周囲の成功者をよく観察してみて下さい。

一時的な成金的成功でない本物の成功者は、必ず〝約束を守る人〟ではないでしょうか？弟子、部下、ファン、仲間など、多岐にわたって味方を持つ成功者は、人の気持ちを察しながら生きる姿勢を崩すことがありません。

約束を守り、人を傷つけない気配りができるからこそ、その人柄にみんなが惹かれ、揺るぎない人脈と富がついてくる。多くの味方を持つ人になれば、成功も自然な結果だと思います。そのために必要な武器のひとつが**「約束を守る」**ということなのです。

7 自分自身を管理する

保険会社に勤める前、私はデニーズというファミリーレストランで5年ほどパートをしていました。

ファミリーレストランデニーズでは、接客やマナーや心配りの大切さについて多くのことを学ばせていただきました。そこで働く5年間でよく目にしていた〝これだけはやってはいけない行動〟があるので、それについてお話ししたいと思います。

それは、ご近所の噂話、自分の勤める会社内の愚痴、同僚の悪口を集団で話す姿はとても〝みっともない〟ということです。

女性が多く集まるとしがちな行動。そして「その場にいない人が悪人になる」というものです。これには、思いあたる人も多いのではないでしょうか？　ファミレスのような場所では、誰がその話を聞いているかわかりません。ときとして愚痴や文句を言いたくなるのもわかりますが、やってはならない場所があることを知っておかなくてはなりません。

人は、穏やかで冷静な人との関わりを好みます。ときには、そのような話に興じることもあるでしょうが、度が過ぎれば自分の品格を自ら落としてしまうことになりかねません。正しく自分をコントロールし、そのような場になってしまったときには、話をさっと変えられる人でありたいものです。

正しく自分をコントロールするということは、よりよい人生を送るために必要なことです。自分に甘くなり、都合よく現実逃避しないこと、自己管理能力を身につけることは人生の武器になります。

社会では、「わかっているけど、できません」ということは許されません。それは、わかっていないよりもタチが悪いと判断されてしまいます。

怠け心、誤った思い込み、目先の利益に負けないように自分で自分をコントロールするのです。前章でお話しした約束をいくら理解したとしても、お金や時間の使い方、人間関係、社会生活を、いくら本から学んだとしても、行動に移し続けるように自分自身を管理することができなければ何の意味もありません。

頭で理解しているだけでは、あなたの人生がよくなることもありません。私の場合は、波乱万丈な人生を歩んだお陰で、わりと早い時期に自己管理、自己コントロールの技術を身につけました。今では想像できないかもしれませんが、若い頃の私はマイナス思考で、何でもすぐに人のせいにして、でも幸せになりたいといった、最も自己コントロールができない人間でした。今思うと、別れた夫に対して、申し訳なかったなとすら思うほどです。

とても悲しい出来事やイライラするような状況のとき、その起きた出来事をどう自分が受け止めるか？　起きたこととそれに対する感情をきちんと区別して、未来に向けてどう解決していくか。

悲しいことも悔しいことも、生きる喜びにどう変えていくか。自分をしっかり管理、コントロールすれば、誰でも「なりたい自分」になれる。それが身につけば「人は変われる！」と言い切れるのは、私自身が人生を楽しめない最悪なタイプから変わった経験があるからです。

数年前、仕えた上司から「30歳過ぎたら品格が必要」だと教えていただきました。品格というのは、人様の前でマナーや気配り以上に「人がしなくてもする」「人がしていてもしない」というような、自分の生き方を持つことだと私は理解しました。冒頭でお話ししたファミレスのことを考えてみても、「みんながしているから」「みんなが言っているからつい一緒に」…とならずに生きていくのは、今の時代勇気が必要かもしれません。

でも、それができたらすごくカッコイイ女になれると、私はその上司に仕えている間に学びました。そして、この学んだことを行動に移して、自分で自分を管理したのです。

その結果、今の私の生き方を持てるようになりました。そしてその生き方に共感してくれる仲間を見つけました。

表にあらわれた収入などの「結果」ではなく、「原因」になる私の生き方に共感していただける仲間がいることは本当に幸せで、自分の自信になりました。

「品格」という大切な学びを教えてくださった上司には、心から感謝しています。今、あらためて思うのは、人生というのはどこかで人の力を借りて生きているものなのだということです。自分独りでしていること、学んだことなど何もありません。

私が私とする約束。これから先の私の人生がどう成長したとしても、きちんと自分を管理し、感謝の気持ちを忘れずに生きていこう。そう思います。

4章

〝感謝して生きる〟を身につけよう

感謝を表わすということ

平成23年3月11日、三陸沖で発生したマグニチュード9・0の東北地方太平洋沖地震（東日本大震災）により引き起こされた大災害。国内観測史上最大の津波は多くの命を奪い、広い範囲に甚大な被害をもたらしました。私の住む東京でも、震災直後は「明日、もしかしたら大きな地震が来るかもしれない！」という不安に包まれていました。万一そうなれば、水や食料に困るだろうと多くの人が考え、震災直後から、あっという間に水や米、パン、カップラーメンなどがスーパーやコンビニから姿を消していきました。

そんなとき、他県に住むお客様や友人から私の携帯に電話が入りました。

その内容は、「TVで水やパンが買えないと見たので送ったよ」というありがたいものでした。

あちらこちらからパンや水がわが家に届いたので、私は、必要な分だけをいただき、残りは日頃お世話になっているお客様へお届けすることにしました。お客様のお宅へパンや水をおすそ分けしながら、〝辛い人が多くいる今、私たちは生きていることに感謝しなくちゃいけないね〟と語り合うことができました。これ以上便利になる必要はないのではないか？　と思うほどの東京で、お客様と「生きること」について真剣に語り合うことで、私たちの間には今までとは違う感情が生まれたように思います。

その後、1ヶ月も過ぎたあたりからでしょうか、あの頃、パンやお水をおすそ分けしたお客様から、「保険に加入したい」というお電話がくるようになりました。私が、パンや水をおすそ分けしたのは「契約がほしいから」ではありません。「日頃、お世話になっているお客様に感謝しているから、今私ができることをしよう」と考えただけのことです。

ところが、それをお客様も〝ありがたい〟と感じてくださり、私に役に立てる方法で恩返しをしようと考えてくださったのでした。私がいただいたパンや水は、思わぬ形で、人と人の心をつないでいたのです。このような経験をさせていただいたことで、営業の本質は、「相手を想うこと」にあるのだと私は確信したのです。

その後、当時ボランティア団体を立ち上げていた後輩の小山信一さんのお手伝いで、私は石巻へ足を運ぶことになりました。震災から2ヶ月が過ぎていましたが、町はこの世のものとは思えぬ光景で異臭が漂い、道を歩けば大きなハエが体にまとわりついてくるほどでした。

そんな状況の中でも、被災地の人々は〝来てくれてありがとう〟と、私たちに手土産を持たせてくれるのです。小山君が「ボランティアで来ているんだからいらないよ」といくら断っても、「着るものをいただいて助かったから」とか、「また、来てよ」などと言いながら、手土産を戻そうとはしませんでした。〝感謝をする〟ということが、本当はどういうことなのか。「ありがとう」と伝えるだけではなく、今、自分にできることをする感謝の表わし方があると教えていただきました。

「ありがとう」と思う気持ちを、言葉以外の方法でも表現することができたら、その行為はいつまでもその人の心に残ります。人の行為は滅びることはありません。この二つの体験を通して、私はそれを学びました。

営業の本質は、相手を想うことだと言いましたが、もっと言うと、相手を想っていることをいかに表現できるか、ということを考える必要があるでしょう。なぜなら、人の行為は人に伝わりやすく、それは回り回って自分に返ってくるものだからです。

2 許せる人になろう

この章では、あなたの営業成績の向上につながる自己啓発的内容をお伝えしたいと思います。まず最初は、「許せる人になろう」ということで、そのためには二つの実行すべきことがあります。

ひとつは、「お客様との接触回数を増やすこと」です。営業成績を上げるために巧みな話術や商品知識をいくら学んでも、感情のある人間を相手にテキストや本に書かれている通りに再現していくことは、一部の優秀な人を除くと、非常に難易度が高いものです。

であれば、普通の人が今よりも業績を上げるためには何をするべきか？　誰でも再現できる営業方法は何か？　それは、「お客様やお客様になるかもしれない人との接触回数を増やすこと」です。そして、その接触の中に〝相手のお役に立てること〟を取り入れて、自分の好感度を高めていくのです。それには、いわゆる人間力が必須になるのです。

これは、誰がやっても効果のある方法ですが、この行動をしていくには、実に多くの自分とは違った感性、価値観の持ち主とお付き合いをすることになります。そうした人たちと上手にお付き合いをしていくうえで、「許す」ということができるかできないかで、人とのお付き合いは変わっていきます。保険営業をしていると人に伝えたときの相手の反応はほとんどの場合、好意的ではない反応が返ってくることは、みなさんも感じていることと思います。

たとえば私には、出会ってまもない人に、「保険屋の女ってろくな人がいないよね」と言われたり、「ゴミみたいな人間がする仕事を、なぜしているの？」と言われた経験があります。現在、その人たちも私のお客様ですが、当時その言葉を聞いたときには血圧が上がり、「許せない人」だと思ったものです。多くの人のいろいろな価値観に触れてきた今、私がしている考え方は〝そういう考え方の人もいる〟と認めて許してしまう方法です。そのくらいのことで腹を立て、笑顔を崩してしまったり、そういう人をはじいたお付き合いをしていたのでは、接触回数を増やす以前に、接触する人が増えていくことはないからです。

二つ目は、「相手を多面的に見て、認める」ことです。

営業成績や結果だけで評価される私たちの業界には、社内の人間関係で悩む人が多くいらっしゃいます。

日々、仲間とも競い合う環境の中にいる私たちならではの悩みや嫉妬、敵意という感情があるのは仕方のないことでしょう。一所懸命がんばっている人や、それによって成果が出はじめた人が必ずぶち当たる壁と言ってもいいでしょう。

「出る杭は打たれる」世界なのです。

「出た杭を打ちたくなる」のが人なのです。

仲間に負けたくないという競争心も、営業の世界では必要であり、会社側もその切磋琢磨を狙っています。しかしときとして、それは〝足の引っ張り合い〟のような出来事になってしまいます。ですが、そのような壁（打たれる側、打ちたくなる側）に自分がぶち当たったときも、相手を多角的に見て、認めるところは認め、「善、悪」と割り切らずに許していけば、あなたはひと皮むけた人物へと成長できるでしょう。

社内のそのような経験も、結果としていろいろな価値観に触れること、さまざまな考え方を吸収していくことになり、お客様と接していくうえで必ず役に立つときがやってきます。私が、お客様のさまざまな相談に乗り、それが最終的には仕事へとつながっていくケースが多いのは、この経験が役に立っていると実感しています。

怖いのは、敵意や嫉妬というマイナス感情を抱え続けることで心を乱す時間とともに顔や表情、発する言葉の端々から、自分で自分を損させてしまうことです。

40を過ぎたら自分の顔に責任を持て、という格言がありますが、客商売をしている私たちは、第一印象（表情や雰囲気）に、常に注意を払っていくべきではないでしょうか。

どんなときも仲間を認めて理解し、社内の人間関係を円滑にしていくために「許す」ことは大切なことだと思います。

このひとつ目と二つ目をまとめると接触回数を増やし、お客様が心を許してくれる営業マンになるために私たちは人間力をつけるべきだということです。

社内、外ともに接する人を意図的に「好き」に変えていくことが、最終的には業績へとつながるというわけです。

では、簡単な〝許し方〟をお伝えします。

まず、許せない人について答えて下さい。

①その人を許せない理由は何ですか？

②どうして、そのような不満を持つようになりましたか？

③不満の本当の原因は何ですか？

④許さないことで、あなたが得をしたことはありますか？

⑤許せないと思う気持ちの奥に、恨み、嫉妬、敵意、羨望のようなエゴはありましたか？

このように、自分の心を真正面から分析してみるのです。「許せない」という感情は相手を苦しめるだけでなく、あなた自身に損を与えることではありませんか？　許したほうがずっとお得だとは思いませんか？

今度は、その嫌な思い出を頭の隅に置いて、相手のよいところや自分より優れていると感じるところを書いてみましょう。人には誰でも「善・悪」「優れている面・劣っている面」のどれもあるものだとわかるはずです。

さらに言えば、実は人は自分以外の人のことをきちんと理解できないのです。その人の行動や、言葉の裏にある事情や心の中は誰も知らないのです。〝そういう考えもある〟と思うことで、どんな場面に出くわしても、心の回復は早くなり自分のためになるのです。

許せる人になる。お互いのために!!

3 感情をコントロールできるようになろう

やらなくてはならないとわかってはいても〝やる気が出ない〟とき、何をやってもうまくいかないスランプ。何となく飽きてしまうマンネリ期、そんな時期は、誰にでもやって来るものです。
眠れない夜に、「寝よう！　寝なくては！」と思えば思うほど、よけいに眠れずイライラしてしまうのと同じで、こういうときは、焦ってはいけません。私ってダメだ…なんて、悩んだり落ち込んだり、転職を考えたりしてはいけません。自分の感情をコントロールしてしまえば、たいていは解決してしまうものです。今、いるところで乗り越えることを覚えなくては、今までの努力が無駄になってしまいます。では、どのようにすればいいか、お伝えしましょう。

「やる気が出ないとき」の感情コントロール法
1週間の間に、
①やらなくてはならなことを、すべて書き出す
②一番簡単なものからやってみる
③ひとつ終わったら〝終わった〜！〟と声を出して達成感を味わう
④誰かのお役に立てることをする
「何をやってもうまくいかないスランプなとき」の感情コントロール法
①場所を変える（ランチの場所、仕事をする机、もしくは部屋）

②体を動かす
③楽しいことを、人と話す
④ふだんと違った服装やメイクをする
⑤鏡を見て笑顔を作る

「何となく飽きてしまうマンネリ時期」の感情コントロール法
①ある仕事の中で、楽しい・好きなことを書き出す
②1ヶ月後の目標、1年後の目標、5年後の目標、10年後の目標を書き、そうなった日のことを想像する
③今まで自分がしてきた仕事で、喜ばれたことを思い出す

それぞれの感情コントロール法を実践していくと、今の自分自身を認めながらも「希望」を見つけること、今の状況の中での「好き」を見つけることができます。仕事で認められている人、実績を出し続けている人の中にも、やりたくてはじめた仕事ではない人は多くいるものです。そのような人は、たまたま出会った仕事を好きになった人なのです。要するに、今の状況やいる場所の中で「好き」「希望」「感謝」などを見つけていくのが上

手なのです。

嫌なことはめんどうくさいと感じても、好きなことであれば疲れずに続けられるものです。「やる気が出ない」「何をやってもうまくいかない」「何となく飽きてしまった」ときにはそれはそれで認めて、焦らずにその感情をコントロールしていけば、必ずスランプから抜け出すことができます。この好きを作り出す能力を身につければ、多方面から自分で幸せを作り出せるのです。

私の部下に〝いつも案件がお客様のほうから勝手にやって来る営業マン〟がいました。彼女は波乱万丈な人生を経験していたのですが、そんなことはおくびにも出さず、歩んでいました。いつも笑顔でケラケラ笑う彼女の姿に、多くの仲間やお客様が魅力を感じたのだと思います。彼女と話をしていて私が感じたことは、どんなときも置かれた状況の中で、「好き」や「楽しみ」を見つけることがとても上手いということでした。

たとえば、お子様が登校拒否になったとき、一緒に過ごせる時間を楽しもうと考える。お母さんが病気になり介護をすることになったときも、親孝行をすることができてよかったと考えるのです。

仕事で苦戦しているときは、これを乗り越えたら「私はかっこいいよね」と考えるので、誰から見ても彼女の人生は幸せそうに見えるのです。

自分がどのような人と親しくなりたいか？　と考えたら、誰だって幸せそうな人のほうがいいと思うでしょう。

多くの営業マンがお客様を探すことに苦労をしていますが、感情をコントロールすることを身につけ、幸せそうに見える自分になることができれば、必ずあなたはお客様から選ばれやすくなります。仕事面でのスランプも人生の中のスランプも、そこに「好き」を発見することができれば自分の力で乗り越えることができます。それによって、自分に自信がつくのです。

辛いとき、自分を励ましてくれるのは、それを乗り越えた過去の自分です。上手に感情をコントロールして、自分に自信を持ちましょう。

4 自分に置き換えて人の気持ちを考えよう

営業のテクニック本や、営業マン向けの教材（テキスト）などには、お客様の話にはあいづちを打とうなどと書かれています。

ところが、あいづちを打つのに、〝人の話〟をきちんと聴いていない人がときどきいます。**人の話は、〝聞く〟ではなく〝聴く（心を落ちつけて耳に入れる）〟もの**です。相手が今、私に伝えたいことは何か？　常に頭を回転させながら聴かなければ、目の前の人のお役に立てる人間になることはできません。

人を喜ばせたい、与える側になりたいと考えるのであれば、まずきちんと人の話を聴けることが必要です。

・この人は、私に何を伝えたいのだろうか？
・私は、この人に何をして差し上げられるのだろうか？
・今、どのようにお答えしたらいいのだろう？

そう考えながら聴かなければ、あいづちは打ってはいても、ただ聞いただけの話を人は忘れてしまいがちです。さらに、内容が話す側にとって大事なことだったり、あなたに理解してほしいことである場合、あなたがよかれと思って打ったあいづちは、その人に私の話を「きちんと聴いていなかったのね」という悲しみを与えることになってしまいます。

「この間、同じ話をしたよね」と思った経験はないでしょうか？　相手が、あなたの話をきちんと聴いてくれなかったからそう思ったはずです。

誰でも、うっかり忘れてしまうことはありますが、そんなことが続けば、最終的に「人の話を聴いていない人」というレッテルが貼られてしまうことになります。でも、それは仕方がないことです。

きちんと聴いていれば、その話の中の疑問点や、理解できないというところがその場で見つかり、すぐに質問して解決できるというメリットもあります。

また、考えながら聴くことで記憶にも残りやすくなります。〝聞いていればいい話〟と〝そうでない話〟の区別をつけることが大切です。それは、「相手の目線に立つ行動」につながっていくのです。

苦労話を聴くときは「もし、私だったらどうしていただろう？」と自分に置き換えて聴くことです。何らかの相談事であれば、「私だったら何をしてほしいだろう」と考えながら聴くのです。すべて自分だったら…と置き換えていくことで、相手が本当に喜ぶことを見つけやすくなります。

1章の5で「売りたい」の前に「知りたい」の必要性をお伝えしましたが、「知る」にもきちんと聴くことは重要です。

その人の価値観や考え方を知ろうとしていても、きちんと聴く習慣のない人は的をはずしがちです。

もし自分の話を、子どもがきちんと聴いていなければ、あなたは「ちゃんと聴きなさい」と言うはずです。私たちは大人ですから、そこに「心」をプラスして、さらに相手の立場に立って聴くという心配りをするのです。営業マンのみならず、どんなお仕事の方でも、人と関わるのなら必要な気配り、思いやり、優しさだと思います。

決して難しいことではありません。自分に置き換えて、相手の気持ちを理解しようと思うだけのことです。

何か準備をするならば、あなたが「人を想う」とはどういうことか、を考えてみる少しの時間だけです。

5 傷ついている人を見逃さない

あなたは、周囲の人からどのように言われると傷つくでしょうか？「太ったね」、「老けたね」、「もっとがんばれ！」、「まだ課長なの？」、「だらしないね」…ｅｔｃ

人から言われた言葉で傷ついたと思う理由は、ほとんどの場合、本人がそのことについて、元々コンプレックスを感じていたり、自己嫌悪しているからです。要は、自尊心が傷つくのです。

トゲトゲしい人間関係があるのが大人の社会だし、世の中には口の悪い人も、根性の曲がった人もいます。ところが、傷つく理由が人によるものであるわけですから、こちらがよかれと思って発した言葉が、他人を傷つけてしまうこともあるし、逆に自分が傷つくこともあります。傷ついた経験がない人のほうが珍しいかもしれません。私がお客様と接していて、近頃感じることがあります。

多くの男性は、小さな頃から「男の子なんだから泣かないよ」「男の子なんだから頑張らなくちゃ」と、親や周囲の人から教わります。

いずれ社会人となって競争社会で働き、家族を守ることを前提に、小さな頃からそのような教育や躾を受けるのです。ですから、悩みを人に相談したり弱音を吐くことをせず、1人で我慢をしてストレスを溜める成人男性は多くいます。

もう一方では、長く続いた不景気から〝女性が家庭を守る〟時代が終わって共働き世帯が増えたことで、女性は女性なりの悩みを抱えています。家事・育児・仕事の両立は並大抵のことではありません。疲れているときぐらい夫に優しい言葉をかけてほしいと思っている女性も増えているように思います。

お客様のそのような心の傷を、私たちは見逃さず、声をかけられる人物を目指す！　これがこの章でお伝えしたいことです。会社の中で行なう営業マン教育と言えば、商品知識や他社攻略のようなものばかりですが、そのときどきの数字を、とりあえず何とかするという考え方の営業方法では、お客様の満足度が少ないうえに、働く側のストレスも増え、なかなか長続きしないのです。

よい業績を長く続けるために本当に必要なことは何か、会社では教えてくれないけれど誰でも再現できる方法、それを手に入れていただくことこそ、本書を手に取っていただいた理由です。競合他社が多く、同じような商品がいくらでもある中から、あなたが選ばれるには、「この人は私の役に立ってくれる」「相談事はこの人にすればいい」と思っていただくこと。そして一番大切なのは、「私の気持ちを理解してくれる人だ」と、お客様に信頼していただけるような、人間同士の関係を築き上げていくことなのです。

私たちが取り扱う「生命保険」という商品が、目に見えてお役に立つときは、お客様が生活において幸せを感じられなくなっているときです。そのようなときも含めて、人様の心の傷に敏感になり、どのように対応することができるかによって、信頼関係が築けるスピードが変わってきます。

もし、あなたの身近な人が、

・表情がいつもに比べて乏しい
・目を合わせて話をしない（視線を落としている）
・歩く姿が普段と違う（背中を丸めて肩を落としている）
・声のトーンが普段と違う

ということがあれば、あなたが声をかけて差し上げるべきタイミングでしょう。「大丈夫ですか？」と聞ける仲なら、それもいいでしょう。何かのタイミングで、相手が喜ぶような言葉をお伝えするのもおすすめです。

「あなたのような人に私は憧れますよ」
「すてきなお仕事をしていらっしゃいますね」
「先日、少し元気がなかったから、今日は顔が見たくて来ました」
「あなたを見ていると、私も頑張ろうと思います」
「きっと、明日はいい日になりますよ」

このように心を込めて、目の前の人に寄り添うような言葉をお伝えしてみて下さい。方法はカードに書いても、メールでもいいのです。私は、いつでもあなたのことを想っているということをお伝えしましょう。

6

人はあなたの言った一言を忘れない

近年の日本では、うつ病が増加の一途をたどっています。1996年に43・3万人、1999年に44・1万人と横ばいだった患者数が、2002年には71・1万人、2005年は92・4万人、そして2008年には、なんと104・1万人。たった9年間で2・4倍も増加しているそうです。同時に、精神安定剤や睡眠薬の使用率も上昇。自殺者は年間3万人を越えています。

これだけ多くの人が心の病を抱えている現実を知ると、経済成長優先できた日本はうつ病を蔓延させたという解釈も、間違いではないように思われます。

私のお客様にも、出産後からうつ病になった方がいらっしゃいました。Sさんは、女性なら誰もが憧れるようなキャリアウーマンでした。

少し年上の素敵なご主人とご結婚して妊娠。39歳でかわいい男の子を出産しました。一度は職場復帰をしたものの、まもなく退社。思うようにならない子育て、働いていた今までとまったく違う生活に悩み、うつ病になってしまいました。一時は入退院を繰り返すほど悪化し、私は入院費の手続きのためにご自宅に伺うことになりました。

く覚えています。

彼女に以前の面影はまったくなく、真っ暗な部屋にぽつんと座っていたことを今でもよ

手続きをしながら、数年間彼女が悩んできたことや、今の苦しみをポッリポツリと私に話してくれました。以前読んだ本の中に、「励ましてはならない」とあったのを思い出した私は、「たいへんでしたね」とだけ答えました。彼女はポロポロと大粒の涙をこぼし、子育てがたいへんだと言うと、「甘えている」とご主人に言われて悲しかったこと、退職すれば、「逃げている」と言われて悲しかったことを続けて話してくれたのでした。あれから数年がたち、うつ病を克服し、笑顔を取り戻した彼女が最近、私に、あのとき「たいへんでしたね」と自分を認めてくれてうれしかった。「あのひと言で気持ちが楽になった」と教えてくれました。私が、何気なく言った一言で彼女は少し元気を取り戻していたのです。

実は、私自身も彼女と同じ立場になったことがあります。ある時期、辛いことばかりが重なり、何もかも投げ出して現実から逃げたいと思っていた頃、いつも厳しく恐い存在の会社の先輩が「あんた、近頃元気ないね」と私のデスクの前にやってきました。少し、自分が抱えている問題をお話ししたところ、彼女は自分のデスクへ戻り、紙にさらさらと文章を書き、それを手渡してくれました。そこには筆ペンで〝神様は乗り越えられる試練し

か与えない。あなたならできる〟と書かれていました。

私は先輩のくれた紙切れを数年間、手帳にはさみ、「辛い」と感じたときは、それを眺めて自分自身を励ましたものです。その先輩と私は、決して仲がいい関係ではありませんでした。でも私は彼女の優しい部分をそのときに知り、そしてそれに自分が助けられたのです。

相手の心に寄り添う言葉をすっと言える人物になることは簡単なことではありませんが、もし、それを身につけられたなら、自分の言った〝たった一言〟が傷ついた人の支えになるかもしれない。

そんな優しさ、思いやりのある言葉を言える大人になりたいと思いませんか？

人は支えたり、支えられたりして生きていきます。わたしは一生、あの紙片をくれたときの先輩の笑顔と、あの日私を想ってくれたことを忘れずにいるでしょう。そして、ときどき思い出しては、感謝していくのだと思うのです。そして、私自身もいつも相手を想いぬくもりある言葉を言える大人でいようと思うのです。

7 人は〝気にかけてくれる〟をうれしいと思うもの

先日、インターネットで面白いランキングを見つけました。

それは、惚れそうになる異性の優しさ、気遣いランキング。

1位、落ち込んだとき励ましてくれる　43・6％

2位、重い物を持ってくれる　42・1％

3位、以前話したことを覚えていてくれる　41・1％

4位、悩んだときに話を聞いてくれる　39・5％

5位、体調を気にかけてくれる　37・9％

これを見て、恋愛と営業は似ていると思いませんか？　恋愛も営業も〝相手を想う〟という共通点があります。いつも相手を想うから、相手の好みを知り、自分に注目してもらおう！　とか気に入ってもらおう！　と努力する過程は恋愛も営業も同じです。そしてさらに、押しの強さよりも話をよく聞いてくれるなど、受信が好まれるのも共通項と言えるでしょう。

先日、友人と食事をしていたところ、40歳間近の彼女は恋をしていました。彼女はどちらかというと大人しいタイプの女性で、異性とはなかなか仲よくなれず、今も独身です。

彼女の口から恋愛話が飛び出たことで、中年女子は大いに盛り上がってしまいました。

　彼女がその人に恋心を抱く理由。

　それはある日、社内の廊下ですれ違いざまに「先週、元気なかったけど、元気になったみたいでよかった」と言われたからだというのです。40歳を目前に、ちょっとウブすぎないかとも思いますが、たしかに、自分が弱っているときに受ける優しさや、気にかけてもらっている台詞を嫌がる人はいないでしょう。

　自分を気にかけてくれることは、いくつになってもうれしいものです。私がお客様から言っていただく言葉に、「いつも気にかけてくれてありがとう」というものがあります。

　ということは、営業マンはお客様に〝私は、あなたをいつも気にかけています〟という姿勢を持ち続け、それをお客様にわかっていただく必要があるわけです。先ほどのランキングをこのように考えてみましょう。
1、落ち込んでいるときはほおったらかし
2、重い物を持っているときに知らん顔
3、以前話したことを、いつも覚えていない
4、悩みを相談しても空返事をする

5、体調が悪いのに気づかない

こんな人を夫や恋人にしたりはしないでしょう。いえ、友人とも言えないかもしれません。これも営業に共通することで、何か提案をしたいときばかりに押してくる営業マンはお客様から嫌がられるのです。

商品の説明力や説得力を学び、セールス話法などを身につけるよりも、日々お客様とコミュニケーションをとる時間を増やすほうが、ずっと成功の近道だと思われます。ともに笑う時間、ともに考えたり悩んだりする時間は、お互いの距離を縮めるものです。恋をしたときのように、相手が何を考えているかを知ろうとする時間を作ればいいのだと思います。少し目線を変えてみると、上司と部下の関係も同じと言えるでしょう。

たとえば、上司は部下に業績の話ばかりをするのではなく、お誕生日に〝おめでとう〟を伝えるとか、〝いつも、遅くまでありがとう〟と伝えるなど、部下目線から見たひと言を言えるかどうかによって、職場の雰囲気はガラリと変わるはずです。そんな気のかけ方をしてくれる上司なら、〝もっと頑張って力になろう〟と思うのが人情だと思います。上司と部下。営業マンとお客様の関係は恋愛とよく似ているのです。

それを知っているだけで、明日からの活動がひと皮むけたものになるでしょう。

5章

待つことの大切さを知ればひと回り大きく成長できる

1 沈黙の時間を怖がらないで

〝保険営業＝口がうまい〟というイメージをお持ちの方が多くいるようですが、実は、営業マンは話上手である必要はありません。なぜなら、お客様は〝説得されたい〟とは思っていないからです。もし、あなたに伝えたいことがたくさんあったとしても、一度にしゃべりすぎてしまうと、言葉で取り繕っているように感じさせてしまうものです。

そして、その姿は必死な営業トークにも見えるため、安心感を与える人間関係にはなかなか育つことはありません。

それなのに、多くの営業マンは沈黙を恐れ、意味もなくしゃべりすぎてしまいます。「沈黙は金、雄弁は銀」（何も語らず黙っているということは、優れた雄弁よりも大切である）という諺があるように、沈黙の時間は営業においても、実は大切なコミュニケーション方法になるのです。

お客様の心をつかむ商談をしたいのなら、「説得する」のではなく、心地よいと思っていただける瞬間を自ら作り出す必要があります。

そしてそのために、沈黙の時間を恐れてはならないのです。沈黙の瞬間こそ、お客様があなたの話を聞いて考えている証拠だからです。

沈黙は、お客様から拒絶をされているわけではありませんから、安心して下さい。

大切なのは、沈黙のその瞬間、私たちはどのような態度を取っていればよいかということです。
①目をそらさないこと（お客様が考えている最中です。そのことを私たちは、真摯な姿勢で待ちましょう）
②安心していただけるような微笑みの表情をつくること（お客様が自分の考えを私たちに伝えやすい状況や空気を作ることが大切です）
③ゆっくりと10秒考えて、お客様が何もおっしゃらないときは「何か、ご心配な点はございませんか？」と静かなトーンでゆっくりと誘導してみること（質問をしていいのだと思っていない方のため）
この3つを身につけることで、あなたは一段上の営業を身につけることになります。

そして、お客様のご意見や心配事が聞けたら、あなたはそれで十分立派な営業をしたことになります。なぜなら、あとはそれを解決する案を提示できるからです。

ただし、このときに注意する点がひとつだけあります。お客様はプロではありませんから、ときとして質問事項がトンチンカンなことがあります。

そのようなときは、相手が示す考えや感情に対して、一度「受容する」ことです。

どのような質問や心配ごとを投げかけられても、一度は「なるほど」とあいづちを打ちながら聞き入れましょう。きちんとした回答は、その場でしなくてもいい場合は多くあります。

後日、改めて回答をお持ちするほうが、親切で丁寧な担当者だと思っていただけることもあります。


〝保険屋さんはなぜ嫌がられるのか？〟


その理由は、頼まれていないにもかかわらず、保険の説明をしてしまったり、こちらの話ばかりをするからでしょう。よいものをおすすめしたいというあなたの気持ちが強ければ強いほど、目の前のお客様のサインを見落として一方的に話しすぎてしまいがちです。

嫌われない保険屋さんは、自分のペースに巻き込むような話し方をしません。お客様のペースに合わせて、沈黙の時間を大事にし、お客様が「本当に知りたいこと」を解決できるのです。

沈黙は、お客様の問題を知るために必要な時間と知り、それを怖がらず、解決型営業へ変えていけば、今よりもっと、お客様の満足度は高まるはずです。

2 信頼していただくまで

営業マン「毎日、一所懸命お客様に誠実に日々活動しているのに、なかなか成果が出ません。もうこの仕事、私には向いていないんだと思います」

私「お客様と、何ヶ月お付き合いしているの？」

営業マン「半年くらいです」

これまで、実にたくさんこのような会話をしてきました。

今までの章の内容を簡単にまとめると、営業とは、

①出逢い→②お互いに興味を持つ→③お互いに好きになる→④お客様との間に信頼関係が生まれる→⑤選ばれる

という流れになります。①、②、③の関係の間には、

・約束を守る　・素直に話を聞く　・プラス発想で会話をする

・間違えたときは言い訳をしない　・損得よりも喜ばれる行動、善なる行動をする　・謙虚でいる

といった、人として大切なことを守る姿勢を崩さずにお客様と接していく必要があります。ありのままの自分を出す勇気を持って自己開示をしながら、お客様の人間性に関心を示し、お客様との接触回数を増やしながら好意を伝えていくのです。最終目的は、情でつながる関係を築くことです。

ですから、冒頭の会話に対する私の最後の回答は毎回、「待つしかないね」になります。選ばれる（信頼される）営業マンになるまでには、人間関係を積み重ねていく時間が必要なのに、ほとんどの人が途中で諦めてしまいます。行動を止めてしまうことが上手くいかない原因です。恋愛だって一目惚れでもしない限り、そうやすやすと他人を信頼しないのが当たり前だと、誰だって知っているはずです。それが正しい営業だと思ったら、やり通すほかないのです。

「ゆくゆく信頼につながるはず……」

そのくらいの心構えでやり通す。〝待つ〟ことが、あなたをひと回り成長させてくれます。お客様が、どのような人間に心を許すかがわかるようになります。そこに至るまでに

は、多くの壁があるかも知れません。上司に「まだ契約にならないの?」と言われることだってあるかも知れません。成績ランキングを見ては、焦るかも知れません。諦めたくなる日もあるでしょう。

でも、この仕事を選んだのはあなた自身です。きちんと行動し続けている自分を信じるべきなのです。それには、選ばれる人物になりたいという思いを忘れないことです。

2年も成果が出せなかった営業マンが、あるときから突然「花開く」ことがあるのも、私は数多く見てきました。彼女たちに共通するのは〝諦めず、行動を続けた〟ことでした。私が伝えたことを、「させられる」と思わず、「してみよう」と思う感性も共通していました。花開いた彼女たちは口が達者なわけでもなく、説得力があるタイプでもありませんでした。〝ゆくゆくつながる信頼〟を手にしたい。そのことだけを信じて、諦めなかっただけなのです。

営業で成功する秘訣とは、誰でも再現できる方法を諦めずにやり通すという、本当にシンプルなことなのです。

最後に、信頼していただくようになるために、あなたが知っておくべきことをお伝えしましょう。

これまで何度もお伝えしたように、人の価値観はそれぞれ違っています。人が持つ価値

観は大きく分けると、

①家族、②社会、③お金、④知性、⑤健康

の5つです。お客様がどれを一番大切にしているかを知り、そこに合わせて接していけばいいのです。日頃の会話から気づくのがベストではありますが、難しいと思う人はお客様に直接聞いてもいいでしょう。これを知ることで、雑談は必ず盛り上がります。なぜなら、人は自分のことを語るのか大好きだからです。

ぜひ、試してみてください。

3 我慢して見つけたこと

「その道のプロになりたい！」と、入社当時は誰もがそう思うのに、多くの人が経験するのが、「仕事に飽きる時期」ではないでしょうか？

同じことを続けていると能率が下がってくるものですが、この時期を上手く乗り越えられずにいると、退屈・窮屈感・つまらない毎日に自分自身が呑み込まれていってしまい、それに連動して業績もダウンします。なかには、これを機に転職をする人もいます。転職が悪いわけではありませんが、明確な転職理由がない限り仕事を変えても、結局はまた、「飽きる時期」は訪れますから、そのたびにふらふらとしていていたのでは、いつになってもプロになることはできません。

飽きる理由は、仕事内容や職場環境にあるのではなく〝仕事をしている自分の心〟の問題であることを知っていただきたいのです。

私たちが働く保険業界では、実績で報酬が決まります。

当然、成果が出なければ報酬はどんどん減っていきます。飽きて〝やらなかった時間〟を長引かせると、あっという間に業績に影響し、給与やボーナスが少なくなって沈滞した空気に覆われ、さらにやる気が失われます。その先にあるのは無気力・無目的・無感動な毎日ですから、飽きたときに早くモチベーションを回復するための方法を身につけることは、とても重要な課題と言えるでしょう。

本当にやる気をなくしてしまうと、それは自然に発言や表情に出てしまいます。そんな営業マンは、お客様から選ばれるどころか、過去に選んでくれたお客様からも捨てられてしまいかねません。このような状況になったときこそ、上手く我慢をして乗り越えることこそプロになるための必須条件なのです。

では、具体的にどうしていけばいいのでしょうか？

「心が折れてしまう人」と「乗り越えられる人」との違いは、将来の明確な目標があるかどうか？　具体的に来年、3年後、5年後、10年後に自分がどうなっていたいか？　という働くことの目標をしっかり持っているかどうか、にあります。

あなたはどうでしょうか？

たとえば、「お金を貯めたいから働いている」場合

・いつまでにいくら貯めるのかを決めます。もし、100万円を貯めるなら、何をしたくて貯めるのか、ということも必要でしょう。

(例) 3年後、海外旅行をするために100万円を貯める！

100万円 ÷ 3 ÷ 12ヶ月 ÷ 30日 = 1日あたり約950円。

その楽しみのために働く。これでもいいのです。

このように、明確な目標を定めると腰が定まりますから、「飽きる時期」がやってきても精神を安定させやすく、仕事で訪れる苦難の一つひとつに対して〝気の持ちよう〟が変わっていきます。その目標達成のためなら、上手く我慢していけるのです。

「失敗の多くは、成功するまでに諦めてしまうところに原因があるように思われる。最後の最後まで諦めてはいけないのである」

（松下電気産業　現パナソニック創業者　松下幸之助）

という言葉通り、何事においても、諦めることなく上手くいくまで我慢して続ければ、うまくいかない人生などないのです。諦めなければ必ず達成し、そこにまた新しい自信と希望が生まれるのだと私は信じています。

「偶然は、準備のできてない人を助けない」（フランスの化学者　パスツール）

この言葉の通り、上手く我慢しながら継続することで、見えてくるものがあり、プロになる道が拓けるのでしょう。

ただし、まるで仙人のように何でも我慢していくことはストレスを溜めてしまいます。定めた目標をひとつでも達成することができたときや、どうしても気が乗らないときは〝仕事を上手によいタイミングで切り上げて、自分に褒美をあげたり気分転換をする〟ことも、飽きずに仕事を続けるよい方法です。

人生の大半の時間を働くのです。楽しみながら働かなければ、人生そのものまでが苦痛になってしまいます。

人生の目的を可視化することを、今からはじめてみませんか？

4 お客様の心を理解する

「検討しておきます」とお客様が言ったのに、後日「いかがでしたか?」とおたずねしたところ〝断られた〟や〝考えていただいていなかった〟ということはないでしょうか。そしてその案件は、一度断りを受けた形となって振り出しに戻る、という経験をしたことはありませんか?

「ある! ある!」という声が聞こえてきそうです。

もし、この時点でお客様が本気で検討したいと思っていないと判断することができれば、いったん本題の話を中断して心の距離を縮める雑談に戻すことができます。お客様の本心を知らずに、「では、次週までに考えておいて下さい」などと言って別れてしまうと、冒頭のように関係は〝振り出し〟に戻ってしまいます。

もし、あなたがお客様の心を理解して喜ばれる商談をしたいのであれば、男女の行動の違いも知っておく必要があるでしょう。男女の違いは多くあります。

私は5人の子どもに囲まれて生活をしています。上から女の子が3人、男の子が2人です。同じ教育と躾を受け、同じ食事をして育った子どもたちですが、5人それぞれ違う価値観を持っているようです。とくに、男の子と女の子は〝まったく別の生き物〟だと感じることが多くあります。ごぞんじの方も多いでしょうが、男と女とでは、もともと脳のつくりが違います。

1万年前、狩猟時代には男はリーダーにしたがって獲物を取り、外敵から家族を守るという生き方をしていました。

一方、女はリーダーを作らず、コミュニケーションを中心に仲間とともに子育てをしていました。人と多くの会話をし、コミュニケーションを取りながら生活してきた女性の脳は、複数の異なる物事を連合させる「連合記憶」という能力が高まったそうです。よく男性が、「女の話はあっちこっちに飛ぶ」と感じるのは、この能力の違いにあると言われています。そして、1万年前と現在では人のライフスタイルは大きく変わっていますが、脳の作りはさほど変化していないそうです。さらに現在も、男は過去と同じように、ゲームなどルールのあるものやスポーツなどのリーダーのいるものを中心に競争を学びます。

女は、小さなときから多くの会話をし、コミュニティを作り、おままごとのような遊びを好みます。ですから、大人になっても〝女子会〟という名のおしゃべりが大好きなのです。

このような、男女の心理的特徴を知ることで、商談はお互いが楽しめるようになるものです。たとえば、会話をするとき、男性と女性ではこちらが注意すべき点がまったく違います。

【男性と会話をするとき】
要点をきちんと押さえること。論理立てて説明をすること（目的のない会話を好まないのが男性の特徴）。

【女性と会話をするとき】
一見、本題とは関係がないように感じる話でも、最後までとにかく聞くこと。反論はせず、共感する言葉を添えること。

また、会話の中で相手をほめるポイントも違います。男性の場合は、地位・顔やスタイルなど、女性の場合は性格・行動をほめると喜ばれます。

男性には理解できないかもしれませんが、私自身、露骨に地位をほめられるのは、あまりうれしいものではありません。

それよりも、内面的なことをほめられたほうが心を許してしまいます。もし、あなたが地位のある女性をほめるならば、「女性なのに部長とはすごいですね！」で終わらせず、きっと、とても努力したのでしょうね」と、行動をほめるフレーズを加えるといいでしょう。

そして、もしスタイルや顔をほめる場合でも、「いつもキレイですね！　優しい性格が表情にも出ていますよ」というように加えれば、女性は必ずうれしいと感じるものです。

男性をほめるときは、「いつもカッコイイね！」や「部長なんてすごい！」とありのままをお伝えすることで、こちらの気持ちは伝わります。

もうひとつ、男女が会話をするときの注意点があります。男性はギャグやジョークが会話の潤滑油になっていますが、女性にとっては〝必要のないこと〟です。

女性が真剣に話をしているときにギャグやジョークを言ってしまうと、顔こそ笑っていても女性の内心は「私をバカにしたの？」と感じます。

顔で笑っていても、「愛想笑い」の場合がよくありますから、男性が女性のお客様と親しくなろうと会話をするときにはギャグや冗談は不要ということになります。

逆に、女性が男性のお客様と会話をするときは要件は論理的に伝え、その後のコミュニケーションは遊び心のある話が喜んでいただけます。

いかがでしょうか。どれも、自分自身に置き換えてみると、気づく点が多いはずです。

お客様の心を理解することは、お互いの関係をよくするために必要なことと私は考えています。

ただ、何となくお客様と接するのではなく、一つひとつの行動に意識を向けていき、選ばれる人物に自分を育てていくのも私たちの大切な仕事なのです。

5 ブレない自分

〝ブレない人〟と聞くと、みなさんはどのような人物を想像するでしょうか？　自分の信念を貫ける人、哲学・生き様を貫ける人。そんな、イメージをお持ちの方が多いでしょう。自分は「こうありたい」という自分軸を見つけるには、自分の心について人生について考えざるを得ないので、その軸を見つけた人が強いのは、その時点で自然とどう生きようという「覚悟」が決まるからでしょう。そしてそれを達成するために、多くの壁を乗り越える力が湧くのだと思います。

私も、「こう生きていく」という信念に基づいて日々の活動をしていますが、〝営業〟という仕事においては〝ブレない〟ことを方法までにこだわってしまうと、お客様に選ばれる確率が減ることを知っておくべきでしょう。考えてみて下さい、たった10年でどれほど世の中が変わり、人の感性も変わったことでしょうか。とくにこの数年で〝絆〟や〝思いやり〟〝おもてなし〟などといった日本人らしさが、改めて見直されていると思いませんか？

今までしてきた営業方法や考え方を時代に合わせて変化させるとなると、態度や発する言葉、手法も連動して変化していくかも知れません。「あの人、前と言っていることが違うよね」「変わったね」などという他人の言葉を気にするようでは、業績を上げたいという最大の目的に近づくことはできません。「ブレないほうがいい」のは本人が大切にしている〝生き様〟であって「方法」ではないのですから、今がうまくいっていないなら、意固地にならず変わればいいのです。

わかりやすく書くと、ブレないほうがいいのは信念であり、ブレてもかまわないのは方法です。私の場合、「目の前の人を喜ばせたい」という信念があって営業をしているので、極端に言うと、その日の洋服選びからキャラクターが変わります。

本来、自分が大切にしていることが〝喜ばせること〟である以上、私が相手に合わせて変わるのは仕方がないことであり、私自身は女優になったつもりでそれを楽しんでいます。人によっては、それを八方美人だと感じる人もいるでしょうし、つかみどころのない人間と思う方もいるのは承知していますが、私はありのままの自分をさらけ出しつつ、相手を承認し、喜んでいただく手段として、そのつど相手目線で方法を変えるのは「対応力」があることだと思うのです。信念はブレないが方法はブレまくり、と言ってもいいかもしれません。従来の自分の考え方や方法、手段を変えることができることはブレることとは違うと心の底で思っているため、時々いただく批判的なご意見はあまり気にしていないのです。

それに、人間関係ほど難しいものはありません。人というのは、生身ですから誤解されたり傷つけたり、傷つけられたりするのは当たり前です。営業を仕事にするということは、生身の人間と交わることであり、いろいろな価値観と接していくものです。相性の問題もあればタイミングもあります。すぐに結果につなげようと考えず、長続きする関係を築こうと考えることが最も重要なポイントです。

また、「人がこうしているから私もこうする」、「会社がこう言っているから私はこうした」と考えていると、自分の判断で決めた活動ではありませんから、結果がうまく行かなかったとき、すぐに諦めたり他人のせいにしてしまいます。

〝自分の仕事が人と関わることである〟ことを理解して、活動方法を自分で計画し、自分で責任をとる。自信というものは、辛いことを乗り越えたときにつくものだから一定期間は続けてみる。そうして、プロの営業に育つのだと思います。

人と関わるということは、「こうじゃなきゃいけない」とか、「こうあるべき」という基準にこだわり過ぎないほうが、さまざまなお客様の心に響くものが見つかりやすいということも知っておくべきでしょう。

最後にひとつ。自分の「こうありたい」の見つけ方をお伝えします。

まず、過去の楽しかった経験をできればたくさん書き出してみましょう。幸せを感じた体験、人生観を変えた出逢い、うれしかった経験、達成感を感じた経験など、小さい頃から今までのすべてを書き出してみます。書き出していくと〝どんなときに自分が楽しい気持ちになっているか〟が発見できるはずです。

それがあなたの軸になることです。その軸に添って目標を決めることで、自然に頑張ることができるでしょう。そして、それは自分のブレない信念へと進化していくのです。

ブレない自分を作り出すことができれば、成果が出るまで待ちながら頑張り続けることが可能です。冒頭でお伝えしたように、自分の軸を見つけ、それに向かって日々の活動を自分で決めていきましょう。

6 言い訳の達人にならない

自分で考えて、自分で行動して、自分で自分自身を評価することを繰り返していると、〝他人の目〟が気にならなくなるものです。業績についても同じで、うまくいかなかったことに対して言い訳をせず、キャリアの責任は自分自身で負うという心構えがあれば、「相手の会社や上司などからどう見られるか？」ではなく、「自分自身がどうありたいか、どう成長したいか」が基準になるため、人に言い訳をすることの無意味さを理解できるようになるはずです。

どんなに優秀な人間でも、失敗やミスをするものです。何事においても、完璧などはあり得ないのです。失敗やミスをしたかどうかよりも、そんなときに、自分が追求されることを恐れてごまかしたり、失敗やミスをもみ消したり、人のせいにしないことが大切なのです。思わず、自分の正当性を相手に伝えたくなる気持ちはわかりますが、失敗したことにそれなりの理由があったとしても、結果が失敗である以上、それは何の解決にもならないのです。

むしろ、正直に「○○のため、間違えてしまいました（できませんでした）。申し訳ありませんでした」と謝罪してしまったほうが、相手の怒りを早く和らげられるのではないでしょうか。

自分の状況を説明することからはじめてしまうと、〝言い訳をしている〟と思われてしまいます。ひとまず、その気持ちはグッと我慢をしてから、「対策」を考えるのが信頼される近道でしょう。結果が出ないのには、必ず何らかの原因があるものです。約束をはたせなかった。失敗してしまった。遅刻をしてしまった。そんなときは、正直に「私の力不足でした」「怠けていました」「できませんでした。申し訳ありませんでした」と逃げずに頭を下げることが、人としての株を上げるのです。

それができれば、次は失敗やミスをしないように、全力を尽くすように自分で自分を育てられるはずです。

営業の仕事には、自己管理能力が大切です。お客様のご都合に合わせると、直行、直帰をする日もあるでしょう。

営業マンが、その自由さに味をしめてしまうと、しだいに嘘をついて直帰するというように、少しずつ活動がだらしなくなっていきます。多かれ少なかれ、誰でも一度は足を踏み入れることであり、「上司」という立場の人間ならば、ある程度経験から見抜いているため、嫌味のひとつも言われて当たり前です。

むしろ、このようなときはバレて明るみに出たほうが、今後のためにはお得なのです。営業というのは、お客様との関係にかかわらず、日々気持ちよく仕事に向かうためには社内営業（社内の人間関係）も重要です。

上司をはじめ、同僚から信頼されることは、困ったときに力添えをいただくなど、仕事をうまく進める潤滑油になるのです。社内で信頼されたければ、誠実な態度を取るしかないのです。

失敗やミスがあったときこそ、それをうまく利用して誠実な対応をする！　失敗やミスから嫌われることはあり得ません。ミスを認めて、謝罪する勇気を持ちましょう。


以前、私の部下にとても優秀な女性がいました。

ところが彼女は遅刻が多く、いつも場当たり的な言い訳を繰り返していました。そしていつの間にか、嘘は嘘を膨らませることになり、最後に自らが創作した嘘に首を絞められて会社を辞めていきました。事実を知っていながら私は黙って見ていましたが、事の結末はあっけないものでした。せっかく優秀な部分がありながら、うまくいかない原因のひとつに、その人が誠実かどうかが見抜かれてしまうということがあったと思います。失敗やミスを認めず、言い訳の達人になると敵を増やすことになります。捨てたほうがよいプライドと捨ててはならないプライドを間違えないことは、自分をひと回り成長させることになるでしょう。

6章

お客様から選ばれる人になろう

心が離れてしまわないように

「お客様から選ばれる人になろう！」というと、ご契約をいただくまでの行動について考える方がいますが、私の考える「選ばれる人」というのは、「常に選ばれる」という意味です。

つまり、ご契約をいただいた日以降こそ、私たちはお客様の心が離れないよう、よりいっそうの努力をするべきなのです。

あなたの大切なお客様が、後から来た他の保険屋さんに心移りしてしまわないようにしないといけません。契約後の努力が、いずれ紹介が紹介を生むしくみに発展していきます。

「営業」＝「営利目的のみの売り込み」ではないことを、あなた自身が理解し行動に移すことができれば、お客様の支持を長期的に得られ、私たちとの関係にも満足を感じていただけるはずです。そして心が離れることはないのです。では、心が離れないような行動とは何でしょうか？

その答えは、とてもシンプルで簡単です。

一、可能な限り、お客様と会う時間を作る
二、相手を否定しない話し方をする。ただし、自分も認めてもらう。
　これだけで充分なのです。

　一の「可能な限り、お客様と会う時間を作る」は、人は近しい人に好意を持ちやすいということであり、説明するまでもないでしょう。

　大切なのは、二の「相手を否定しない話し方をする。ただし自分も認めてもらう」のほうです。

　〝相手を否定しない〟＝相手を理解する・受け入れるということは相手の意見に従うのとは違うということです。

　お客様と長期的にお付き合いしていくには、お客様と私たちは対等でなくてはならないのです。そこでさらに大切なのは、テクニックを学ばないことです。

　営業を学んでいくと、イエスバット法やイエスアンド法など、さまざまなテクニックが紹介されていますが、私はどれも学ぶ必要はないと考えています。一時的に業績を上げるには、このようなテクニックはいいでしょうが、長期的な人間関係を求めるのなら、この学びはかえってストレスになるでしょう。

　脳の中に、「仕事だからお付き合いをする」というイメージを抱かずにいたほうが、お客様には親しまれやすいからです。対等な関係で相手を否定しない話し方や考え方をすること、そして自分も認めてもらうことが、長続きするお付き合いの秘訣なのです。簡単に言うと、〝あなたも私もＯＫ〟という気持ちの持ち方です。

そのほうが、人対人の面白みのあるお付き合いができるし、一の「可能な限り会う時間を作る」ことも、楽しく実行することができます。まるで遠い親戚のような関係こそ、お互いの満足度を高めるのです。

さて、ここでクイズです。

あるカップルが、彼氏の転勤により遠距離恋愛になりました。彼は離れるのが寂しいと言っていた彼女のために、忙しい合間をぬって毎日ラブレターを書き続けました。1年、2年と時が過ぎ、結局、2人は別れることになりました。あんなに愛し合っていた2人なのに、いったいなぜなのでしょうか…。

答は、彼女に新しい恋人ができてしまったのです。彼女の新しい恋人、それは誰だと思いますか？　そう、毎日彼のラブレターを届けた郵便配達員だったのです。

この話は、営業の世界では有名な逸話です。このストーリーからもおわかりのように、人は違う相手に心移りする生き物です。そして近しい人に好意を持ちやすいのです。

ですから、可能な限り会う時間を作る必要があります。短い時間でかまいません。とにかく、回数が重要なのです。また、コミュニケーションで損をしている人・あるいは苦手だと感じている人は多いのですが、これを磨くには、生身の人間と会話をし、多くの人と関わる習慣を持つのが一番です。

実際の自分よりもよく見せようとしても長続きしませんから、背伸びをせずに、「営業をしているのですが、実は人とお話するのがあまり得意ではありません」と、思い切ってカミングアウトしてしまったほうがお客様はあなたを認めてくれるはずです。これこそが〝自分の想い〟が入った「生きた言葉」と言えるでしょう。

最後にもうひとつ。

話題づくりが苦手だと思っている人は、自分の年表を作ることをおすすめします。

私事になりますが、私は10代で結婚し、23歳のときにはすでに3人の娘がいました。生活費が足りずに仕事を探していましたが、3人の子どもがいることや学歴（高卒）の問題、働く時間の問題があって、正社員で雇っていただけるところなどありませんでした。

そんな私を拾ってくださったのが、保険会社なのです。

正直に言えば、「保険会社に入社したかったわけではない」のです。

ところが、結果として営業現場では5年連続NO・1を獲得し、このように本まで書かせていただいています。思い通りにならなかったことが、結果オーライになったのです。どんな人にも〝思いがけない出来事〟や〝思い通りにならなかったこと〟は起こるものです。

ある程度の年齢ならば、ひとつや二つ、こんなはずではなかったという事情を抱えているものです。

話題づくりが苦手な人は自分年表を作り、いろいろな出来事を書けるだけ書き出します。そしてその中から、こんなはずではなかった出来事をピックアップしてみて下さい。

人は、他人の不幸せ話で少し盛り上がるものです。お客様との会話のネタに、「そんなはずではなかった!話」は最適です。

話題づくりが苦手な人は、ぜひ自分の悲劇を喜劇にしたててみてはいかがでしょうか?

2 喜び配達人

人が生まれてから死ぬまで、いったい何人の人と出逢い、親しくなれるのか、考えてみたことはあるでしょうか？

毎年、新しい知人が30人できたとしても、人生80年とすると、30×80年＝2400人の出逢いしかありません。世界人口が70億人ですから、出逢いの確率は0・00003％です。職種によっては、もっと出逢いの少ない人もいることでしょう。

そして、その出逢った人の中にあなたの気持ちをわかってくれる人、いつも心がつながっている人はこの世の中に何人いますか？

数えてみて下さい。腹を割って話ができる人、いつでも信頼できる人の少なさに唖然とする人がいるかもしれません。

この話から、私が言いたいことは二つです。今、知り合いだということは、よほどの縁があって出逢っているのだから、この縁そのものを大切に考えたら顔を合わせる時間がさらに楽しくなるということ。

そしてもうひとつは、腹を割って話せる本当に親しい友人は、誰でもそれほどいないものです。ですから、人は案外、孤独感を抱えているはずです。私たちはそのような人の心に接していく仕事であり、幅広くお客様に合わせる心を持つことが大事だということです。

この項のタイトルにある「喜び配達人」とは、この二つを心に留めて日々の活動をする人という意味を込めています。

では、具体的にどうするか？　前項の「心が離れてしまわないように」に書いた内容が基本ですが、お留守のお客様やあまり顔が見られないお客様に対しての活動方法をどうするのか、をお伝えしたいと思います。ご多忙でなかなか会えないお客様を、ほったらかしているのは不親切です。少し手間をかけて、お手紙という方法を使ってみていただきたいのです。そして、文面に心が通う共感していただけるようなことを書いてください。よく目を凝らして毎日を過ごしていないと見過ごしてしまうような心に響く話や些細なことでも感動する話、心がほっとする話ってありますよね。

でもそれは、どんな知識よりも心と心をつなぐ「心の手紙」になるのです。それを、自分から情報としてお届けするようにしましょう。

・お元気ですか？　今日◯◯公園の秋桜がとてもキレイに咲いていました。おすすめですよ！　また、お逢いできます日を楽しみにしています。お仕事頑張って下さいね。

・ご無沙汰しております。
来週、◯◯で靴のバーゲンがあるそうです。私も行く予定です！
いつもおしゃれな◯◯さんだから、ちょっとお知らせでした！
では～

このような手紙は、内容は些細なことですが、お客様の心をほぐすことができます。お仕事からお帰りになってポストを見たら、欲しいと言ったわけでもないのに保険の設計書が入っていたり、「ご案内があります。いつならお時間いただけますでしょうか？」なんて下心みえみえの手紙を見て、お客様はいったいどう思われるでしょうか。

喜び配達人は、お客様の「幸せ」を常に考えて内容を決める必要があります。そして、お客様の心に元気の種を撒いていくのです。

「和顔愛語」という仏教用語をごぞんじでしょうか？

穏やかで温和な顔つき。穏やかで親しみやすい振る舞いのことです。人に親しみやすい印象を与えることは、営業の世界ではとても大事なことです。この「和顔愛語」を普段も意識しておきましょう。なぜなら以前、私の部下でこのような失敗例があるからです。

彼女は、喜び配達人としてとてもよいお手紙を書きあげました。

でも、彼女はお客様のポストに入れるとき、しかめ顔でお手紙を投げ入れてしまいます。それをベランダでお洗濯を干していたお客様が見ていて、後日彼女はお客様にこう言われたそうです。

「素敵なお手紙をありがとう。でも、ムリにしてくれなくてもいいのよ」と。彼女がポストへ入れるときの顔つきや入れ方でお客様は「嫌々しているのではないか？」と感じたのでしょう。

せっかくよい手紙だったのに、たいへんもったいないことです。

和顔愛語とまではいかないにしても、やはり日々の顔つき、行動は意識しておくべきでしょう。

いつどこで、誰が見ているかわからないからです。

3 お客様は知りたいのだ

お客様の本当の気持ちが〝どうなのか？〟あなたは真剣に考えたことがあるでしょうか？

お客様の本当の気持ち。本当に知りたいことがいったい何なのかがあいまいなまま営業をすることは、一方的にこちらの言い分を話しているだけになります。こちらの伝えたいことと、お客様が本当に知りたいことは違うのです。ところが、お客様は〝何を知りたいか〟をそう簡単に私たちに教えてはくれません。なぜなら、理由は二つあります。

まずひとつ目は、お客様がわれわれ保険屋を信用していないからです。二つ目は、お客様自身が自分たちが何を知りたいのか、をよくわかっていないからです。

まずひとつ目についてですが、もしあなたがお客様に信用されているならば、お客様のほうから何でも聞いてくるでしょう。たとえば、「保険の何がわからないか、それがわからないので、説明をしに来てください」となることもあり得るのです。

「こちらが伝えたいこと」と「お客様が知りたいこと」の擦り合わせ作業ができれば、お客様は「あぁ、なるほど」と感じてくれるものです。

そのような関係を作り上げるために、1章から5章でお伝えした心構えや行動が大切になるのです。

問題は二つ目の、そもそも自分たちが何を知りたいのかよくわからないということだと思います。これは、私たちが少し背中を押すような作業を必要とします。

私たちはプロですから、生命保険の必要性を知り、人それぞれのニーズに合った保障額を計算式にあてはめて算出することができます。またそれに加えて、他社との違いやメリット、デメリットをお知らせできることは当たり前ですが、お客様は自分自身の必要保障額を知らない場合がほとんどなのです。なかには、そのような疑問すら持たずに、何となく加入し続けている人が案外多いものです。

ある日、私は知人の紹介でまったく違う生活をしている3人の男性の保険相談に乗ることになりました。3人のそれぞれの生活は次のとおりです。

Aさん（43歳）＝男性　家族構成＝専業主婦の妻（42歳）　子ども　中学生（14歳）　小学校（12歳）　仕事＝サラリーマン
年収850万　賃貸マンション＝家賃14万円

Bさん（34歳）＝男性　妻（30歳）　夫婦共働き、自営業

子ども＝小学生（10歳）、夫＝年収５００万円、妻＝年収３００万円、持家30年ローン
Cさん（29歳）＝男性、婚約中、年収４００万円
今はサラリーマンだが独立予定。

この３人の男性に、まったく同じ質問を五つしました。

Q１、あなたがもし亡くなったとしたら、その後のご家族にいくら必要だと思いますか？

Q２、生命保険に加入する場合のご予算はいくらですか？

Q３、今から10年以内に病気をすると思いますか？

Q４、現在、生命保険に加入していますか？

Q５、加入内容は自分自身で理解していますか？

そして、この質問に対しての回答
Q１の回答　３０００万円くらい。　Q２の回答　１万円くらい。

Q３の回答　しないと思う。　Q４の回答　加入している。

Q５の回答　よくわからない。


私が驚いたのは、まったく生活の違う３人の男性の回答が、まったく同じだったことで

す。いかがでしょう。

この回答の現実を見て、保険営業をしているあなたは何を感じますか？　平均余命までの年数、家族構成、年収、子どもの年齢、住居、そのどれをとっても異なる3人の成人男性の必要保障額が、まったく同じになるはずはありません。ところが、恐ろしいことに、現在加入している保障額を後日、確認させていただいたところ、これもまた3人とも、死亡保障3000万円のプランでした。そうなのです。お客様はそのくらいの理解度なのです。しかも、〝これがいい〟と納得しているわけではないのに、何となくそのままにしてきたわけです。

目に見えないものであり、元気なときは不必要な「生命保険」ならではの悪い特徴でしょう。しかし、考えてみてください。信用さえしていただければ、お客様は星の数ほど存在するということになりはしないでしょうか？

私たちは、このようなお客様に信用していただくために行動の積み重ねをし、「本当に知りたいこと」をキャッチして解決策をご案内するのが役割です。

そこで、ある程度の人間関係ができて、信用していただけていると感じたら、「お客様が〝あーなるほど〟と納得していただくために、私が作成したような、Q&Aを用意することをおすすめします。

Q&Aを作成し、それに回答していただくことで、こちらが何を教えて差し上げるべきかが理解できるし、お客様自身もわからないことの解決策、ゴールが見えてきます。「こちらが言いたいこと」と「お客様が知りたいこと」の擦り合わせ作業ができるのです。

質問する内容は、専門用語を使わず、誰でも回答しやすいシンプルなものにすればいいでしょう。「アンケートに答えて下さい」という差し出し方をしてしまいがちですが、このフレーズはこちらの希望だと思われてしまうためNGです。

「Q&Aを作成しましたので、今後必要なものだけをお知らせするためにお答え下さい」というような〝お客様のためにする作業だ〟ということを、はっきりお伝えして下さい。これは、お互いのためにも必要なことです。あなたが緊張すると、お客様も緊張してしまいます。

自信を持って、お客様の「本当の知りたい」に飛び込んでいって下さい。選ばれる保険屋になるには、あ・い・ま・いな営業をしてはならないのです。

4

シンプルなことを続け、積み重ねていく

シンプルなことを続ける。積み重ねていくというのは、努力し続けろ、ということではありません。努力をしたからと言って、必ずしも誰もがすぐに業績が上がって成功をするわけではないのです。積み重ねる途中で、失敗をすることもあるでしょう。

生身の人間を相手にする仕事において、失敗こそ〝対応力〟を身につけるために必要な経験ですから、それでいいのです。

目先の結果が、うまくいくか失敗するかという考えをひとまず捨てて、続けること。お客様との人間関係においては、〝チリも積もれば山となる〟という諺の通り、日々の小さな活動の積み重ねは、必ず大きなものを生みます。そして、これをいかに楽しんでできるかが営業結果に圧倒的な差となって出てきます。

お客様との人間関係だけではなく、すべての人付き合いにおいて言えることは、必要なとき以外は連絡を取らない関係からは絆は生まれないということです。

会えなくても手紙を書く、メールをする時間を作って対話をするという積み重ねたものだけが、本物の〝つながり〟になるのです。

がんばらず、必死にならず、努力もせず。ただ「習慣」として積み重ねていくことが大切なのです。

自分で掲げた人生の目標を、達成したいと思うことも大切です。しかし、そこに至るまでの道のりを楽しむことができなくては辛さが残ってしまいます。この積み重ねに辛さがあってはいけません。

お客様とのお付き合いは長期戦です。途中で諦めたり、何となく止めたりしないために、自分がそれを楽しまなくてはなりません。私は楽しんでいくために、自分でほめ日誌をつけています。

今日はこれだけ〝できた〟というほめ日誌をつけて楽しく続けるために、達成感を味わうことが重要なのです。

例　○月△日

A様のお誕生日、バースデーカードを書いた。すごく可愛くできた。私って絵心があるかも。

○月△日

T様とスーパーでばったり会った。笑顔でご挨拶をしたら、また遊びにいらっしゃいと言っていただいた。うれしかった。明日も笑顔で人と話そう！

○月△日

K様のお宅に訪問。何が喜んでいただけるか考えに考えた末、手土産はお子様の受験に備えて、湯島天神のお守りにした。今までの、どの手土産よりも喜んでいただけたと思う。

○月△日

この3日間、バスで通勤。同じバスの運転手さんだったけれど、とにかく無愛想。今日は、私から笑顔で「おはようございます」と言ってみた。運転手さんはちょっと慌てていたけれど、「おはようございます」と少し笑顔を見せてくれた。ただの恥ずかしがり屋な男性だったのだろうか…？　笑顔で接したら無愛想な人の笑顔も見れるものなんだな、とひとつ発見した朝だった。私ってすごい！

○月△日

子どもの参観でお客様とばったり会う。

お互いに今日は母親という立場。いつもと違う会話の内容にとても盛り上がった。学校で、お客様から声をかけていただいたことがちょっとうれしい。話しかけやすい人でいることは大切だと思うから。

私って、話かけやすい雰囲気出てるってこと！

このように、日々の活動でお客様との関係を築くために自分が積み重ねたことをほめていくことで、達成感を感じていくのです。

これらの行動が、ある程度一人ひとりと積み重なって、ようやくお客様の要望を教えていただくことができるのです。そして、それを解決することで、最後にファンになっていただくのです。

何度も言いますが、お客様は「この人は自分のことをわかってくれる人だ」と感じなければ、心の扉を開いてはくれません。

そこに至るまでには、一人ひとりと積み重ねた時間が必要になります。それを習慣として続けるためには、まずは体を慣らしていくのが、ほめ日誌の役割です。

体が行動に慣れ、相手を想う習慣、それを行動にして積み重ねる習慣を身につけた者が、いずれ圧倒的な結果を出すのは間違いないことなのです。

努力を続けられる人は非常に少ないのですが、習慣にしてしまえば誰でも続けられます。1日ひとつでいいから、まずは自分の行動をほめてみることです。そして、それを続けることです。自分のために、ぜひやってみて下さい。

5 自信をつけるのも自分の行動

人が病気になったとしても、治療費や薬代は高額療養制度がある日本において、天井知らずで支払うことはありません。

所得が一般に区分される場合、1ヶ月の支払いは8万円程度になります。ところが、差額ベッド代は公的保険の対象外となり還付もありませんから（厚生労働省調査平均1日当たり5800円）、これらをコンスタントに支払うのは、なかなか厳しいことでしょう。

また病気になれば、「収入が減った」「仕事ができなくなった」という方も多く、今までの貯蓄を切り崩すことで、経済的に困窮する人も少なくありません。貯蓄のない人の場合、いきなり生活保護という人もいるのです。

そのような事態に困らないために、生命保険という仕組みがあるのですから、私たちは自分たちの仕事にもっと誇りを持つべきです。

私たちの仕事は、あいにく人から嫌われています。そのことは事実として受け止めなくてはなりませんが、自分に自信をなくしてはなりません。お客様が生命保険を本当に必要だと理解してくれれば、私たちの仕事の重要性を知り、保険営業という仕事への誤解が解けるのではないでしょうか？

「保険は入っているから大丈夫」という人は多くいますが、この数年、入院日数は減り、昔のままの保険契約では「日数不足で保険金がもらえない」と泣いている人も多くいます。また最近では、数百円の掛け金の追加で先進医療などを試せる補償もあります。この現実を、お客様は知らないのかもしれないのです。

今や日本人の2人に1人はガンになると言われています。貯蓄のない人は、安いものでいいから保険には入っておくべきなのです。ガンになって、日数にかかわらず一時金で300万円もらうことができれば、たとえ収入が減ったとしても通院が続いたとしても、一番辛い時期を乗り切ることができるはずです。病気になったあげく収入が減り、家族がいるのにお金がないというストレスを抱えるのは、とてもたいへんなのです。

それを、正確にお客様にお伝えすることが、私たちの役割です。時代とともに進化する医学に対応できる保険を、定期的にお知らせする。それができる自分たちに胸を張って、もっと自信を持ってほしい、と私はいつも思います。

お客様から選ばれる人になるためにも、人に教えられる医療の知識を身につけて自信をつけること、私たちのしていることは必要なことだ、と仕事に誇りを持つことです。これをいつも根底に持ち、自分の言葉で人に伝えられるようにするのです。

会社で学んだ知識を、そのまま引用説明をしても、人の心には届きません。学んだ知識に、自分なりの解説や感想を加えることが「自分の言葉で人に伝える」ことの絶対条件なのです。たとえば、

病気になったらとてもお金がかかります→×

胃ガンになると3割負担の方の場合、平均25万円、先進医療を受けると、3泊で200万円もかかります→◯

「病気をすると、とてもお金がかかる」というのは、みなさんがよく口にする言葉ですが、「とてもかかる」というのは人によってイメージが違い過ぎるため、抽象的でピンときません。

より具体的に、そこに自分の感想を加えてお伝えしなくては、お客様は自分の身にふりかかったときのことを想像できないのです。

「最近、私の同級生が乳ガンになりました。入院は20日、差額ベッド代やら、その他雑費で24万円くらいかかったそうです。

彼女は、しばらくパートをお休みするそうなので、加入している生命保険からおりた一

時金200万円が助かると言っていました。毎月5000円弱で加入できますから、必要だと感じることがあれば、資料をお持ちしますので、お声をかけてくださいね」

というように、自分の言葉で雑談を交えてお教えすれば、お客様も「保険加入をすすめられた」と嫌な気分にならずにすむでしょう。医療制度など、難しいことをよりやさしく自分の言葉に換えて、自分の行動に自信を持ってお客様にお知らせするべきです。

6 名前で呼んでいただける関係

アメリカや欧州では、私たちと同じ保険営業を仕事にしている人間の地位は、弁護士並に認められたものとなっています。実は、〝日本だけが低い〟のです。それは、今までの営業方法が身勝手であり、〝自分たちの利益〟を追求し過ぎたり、無茶をする人が多くいた結果だろうと考えています。私は、いつの頃からか、お客様から「保険屋さん」と呼ばれるレベルから脱却したいと考えるようになりました。

同業者の中には、ことの外「保険屋さん」と呼ばれることにコンプレックスを強く持っている人は多いようです。もしかしたら、あなたもそうではないでしょうか?「保険屋さん」から脱却して、お客様から自分の人生に必要な人と思っていただくには、私たちには何が足りないのか? 知識・マナー・人間性・品格……。

これは、いつも考えておくべきことだと思います。そして、そうなるための工夫もするべきです。

先日、お客様のSさんからこのような相談がありました。保険会社に勤めるママ友達から、毎日のように保険会社のイベントに来てほしいという連絡があり、彼女のノルマのために自分が利用されているようでとても気分が悪いという内容です。一度はお付き合いしたけれど、ふだん、お茶をしたりする関係でもないのに、何度もイベントに誘われる。

保険以外の何の連絡もないママ友達なので、ノルマがたいへんなのはわかるけれど、はっきりと迷惑だと言おうか迷っていると言うのです。ごぞんじの方も多いかと思いますが、保険会社ではたいていどこでも、『イベント』という形で〝お客様〟、もしくは〝働く仲間〟探しをしています。

そのイベントそのものは悪くはないのですが、イベント集客にノルマがある場合も多く、営業マンがそれを達成するために手あたりしだいに声をかけるのです。ですから、このような苦情が出るのも無理はありません。そしてこんなことが多くあるため、「保険屋さん」イメージからなかなか脱却することができないのです。

私たちの仕事は「お役に立つ」ことです。会社のお役に立つことは大切ですが、それだけではダメなのです。

私たちのお給与は、お客様が毎月お支払いしてくださる保険料から出ています。一番大切にしなくてはならないのは明らかにお客様なのです。それに営業は、お金や地位、名誉、業績順位をモチベーションにすると限界がやってきます。その結果、営業マンに無理が生じてきます。「人に喜んでもらう」ということはとても奥が深く、自分も感動できますから、営業の根本はここにしておけば絶対にモチベーションに限界はやってくることはありません。もっともっと楽しめるはずなのです。

同業者の中には、「何をきれいごとを言っているのだ」と言う方もいらっしゃるでしょう。結果的にはご契約をいただくのですから、ゴールは一見同じです。ですが、そのような仕事方法だったために、アメリカや欧州と違う〝今〟になったのは事実です。

お客様は、営業マンを見抜きます。だからこそ、意識的に相手目線で考え、喜びを与えられる習慣を身につける必要があるのです。

私自身の経験から、気がついたことをお話しします。もちろん、私も初めは〝保険屋さん〟というイメージからお客様とのお付き合いがスタートしたのですが、ゆっくりと時間をかけて関係を育てていくうちに、いつの間にか「佐藤さん」になり、3年もたつと「綾ちゃん」と呼んでいただくようになりました。

そう呼んでいただけるようになると、解約も急激に減りはじめます。たとえば、一時的に支払いが困難になったりお金が必要になったとしても、「どうすればいいか?」とそれを相談していただけるからです。

たとえば、あなたが人から「好きだよ」と言われるとしたら、どちらが心に響くでしょうか?

「好きだよ」「○○好きだよ」(○○にはあなたの名前を入れて下さい)後者の名前入り告白のほうが、グッとこないでしょうか?

このように、名前で呼ばれる、呼ぶ関係は、心理的距離を縮める効果があります。一歩踏み込んだ関係です。これは、お客様とだけでなく、社内でも効果的なコミュニケーション方法です。

「保険屋さん」よりも一歩進んだ親しい関係になりたいのであれば、お互いに名前で呼べるような空気を育ててみましょう。もちろん、知り合ったばかりでそれをしてしまうと礼儀知らずと思われてしまいます。ある程度の時間がたち、親しみやすい雰囲気が生まれてきたと感じたら、「○○さん」（できれば、苗字ではなく名前がおすすめ）とお呼びしていいですか？　とお客様に聞いてみるのもいいでしょう。

人は、心理的に最も気持ちのいい「音」は自分の名前だそうで、名前やニックネームで呼び合う夫婦は、夫婦間の満足度が高いという調査結果もあります。お客様満足度を高めるのも似ているのです。

解約をする前に相談していただける人間関係は、「認められている」証です。

メールを送るにしても、文章の中にお客様の名前をちりばめて、こちらが語りかけているような臨場感を演出するなど、常に選ばれる人になるためのささやかな工夫を忘れないようにしましょう。

そして、「保険屋さん」と呼ばれることから卒業して下さい。

7 生き方の違い

お客様と人間関係を育てていく中で、自分と他人の価値観の違いを認めることはとても大事なことです。些細な会話ひとつにしても、自分中心の考えで進めてしまったり言い切ってしまうと、聞く側は少なからず不満を感じることでしょう。自分の考え方・習慣・ポリシーを大切に生きることはよいことなのですが、営業の世界ではこれを出しすぎると損をする結果になります。自分の価値観を大切にしながらも、相手の違う考え・習慣・ポリシーを認めていくのです。

「私は、あなたを認めていますよ」ということを、前面に出すのがプロだと思います。たとえば、無理なお客様の話も〝無理です〟と言ってしまわず、一度受け止めるといいでしょう。その上で、「先日のお話ですが、私はこうしたらいくらかいいかな、と思いますが、いかがでしょうか？」と折り合いを見つけて提案してみるのです。

一度その人を認め受け入れる姿勢を示すことで、こちらの提案がお役に立てなかったとしても、お客様は納得してくれるはずです。

どちらが正しいかとか優れているかといった基準ではなく、お互いが〝信頼し合える関係〟でいられるにはどうすべきかという考えを持って接していけば、考え方の違う人とも溝を作らずにお付き合いをしていけるものです。

なにしろ、さまざまな人間関係を楽しめるかどうかが営業の世界での成功のカギですから、もしあなたが性格的に他人との違いが認められずに人を恨んだり、自らの不運を嘆いたりするタイプなら、物事の見方を根本から直さなくてはいけません。違う価値観や感性に出会ったときほど、成長のチャンスなのです。

「今までと違う体験をすることで、自分を磨く」「対応力」を身に付けるチャンスと考えましょう。他人を変えることはできません。自分を変えるほうが、実は何十倍も楽なのです。

私は人の価値観だけでなく、何に対しても〝絶対に正しい〟ということはないと考えています。

とくに「人の心」と正面から向き合う営業の世界では、〝伝える〟ことひとつとっても、この方法が正解ということはありません。

なかなか成果が現われなかったり、よかれと思ってしたことが反発をかってしまうこともあるのです。そのような場数を踏むことで私たちは成長し、自分と相手に合った〝やり方〟を見つけていくよりほかはないと思います。

大切なのは、常に目の前の相手に関心を寄せて、「私は、あなたに興味があります！」「仲よくしたいです」という姿勢を持つこと。

そしていずれ、こちらの気持ちが伝わるだろうと信じて待つことだと思います。

また、もうひとつ大切なことは、「人に期待しない習慣」をつけることです。私の過去を振り返ってみると、私自身、20代の頃は何かと迷いの多い時期でした。早くから家庭を持ち、同世代の友達からは羨ましいと言われていたこともありましたが、私は心の中では不安と不平、不満を抱えて生活をしていました。他人の生活を羨ましく思い、自分の置かれた環境を楽しめていなかったのです。

子育てをしながら学んだことのひとつに、人はたとえ自分の子どもであっても、自分の思い通りにならないものだ、ということがあります。わが子ですら自分の期待通り、思い通りにはならないのです。寝てほしいといくら願っても、夜泣きはするのです。あの頃の私の不安や不平不満は、他人や家族を含めた周囲の人に期待していたから感じたことだと思います。

自分の思い通りにいかなければ、愚痴が出ます。負のスパイラルを自ら作ってしまう結果です。何においても人のせいにしていていたのでは、成長することはできません。営業という世界で人とお付き合いをしていく中においても、人生においても人に期待しすぎない考え方は大事です。

そもそも、わが子ですら思い通りにならないのに、生き方が違う他人に自分の思い通りになってほしいなどと期待して欲求不満を感じるのは無駄なことに違いありません。期待をするなら、自分自身にするべきです。

物事がうまくいかないのは、自分に原因があります。この学びが実ることを信じて、自分に期待をして過ごしてみてはいかがでしょうか？

1年あれば、いろいろなことができるものです。人との接し方を変えてみる。他人を認めて期待をしない。今からスタートすれば、1年後には習慣になっていることでしょう。そして、その努力がお客様から選ばれる結果につながるはずです。

8 志を語る

たらいに張った水を1本の箸で回し続けると、周囲の水が回り始め、最後には、たらいの中の水が渦になって回り始めます。

これは、たとえ自分の力が小さなものであっても、諦めず、根気よく、繰り返し積み重ねていくことでやがて予想もしない大きなものを動かしていく力に育つということを教える話です。

私は、この話を何かで読んだとき、当時何もなかった私が、自分にも何かを成し遂げることができるのではないか、と勇気をもらいました。

はじまりは、どのようなことでも小さなものです。小さな積み重ねを大切にしていくことが、仕事においても大切であり、いずれそれはお客様の心に伝わるものだと私は信じています。

小さなことをやり続ける、積み重ねる中で、自分以外の人に「志を語る」ことは大事なことになります。なぜなら、積み重ねていくときの中で、落ち込んでしまうようなときは必ず訪れることであり、それでもなお、立ち上がり成し遂げる必要があるのです。

ダイヤモンドも、磨かなければ光らないように、傷つく覚悟がなければ、そしてそこから再び立ち上がる覚悟がなければ、この世界で成功することはできません。あなたはダイヤモンドの原石なのです。働いていれば、誰でも〝嫌なこと〟に向き合うべきときが訪れるものです。

楽か？　楽しいか？　どちらを選んでも、それはあなたの自由ですが、本書を手に取っていただいている方には、ぜひとも「楽しい」を営業という仕事の中で味わっていただきたいのです。

辛いことから逃げてしまえば楽になります。ですが、辛いことを乗り越えてこそ、本物の「楽しい」が得られるはずです。

「志」を語り、その辛い時期を楽しんで乗り越えてみませんか？

では、語るべき志とは、どのようなものでしょう。

まずは、あまり難しく考えず「志らしきもの」でいいので、あなたが今まで身につけた経験、知識、人脈の範囲を大きく超えない、積み重ねれば、何とか達成できそうだと感じられる範囲で用意してみましょう。目標との違いは、1年2年かけて達成するものではなく、もっと長いスパンで考えて、あなたの人生や周囲に影響を与えるようなものがいいでしょう。

私の現在の志らしきものは、自分自身の周囲の人々の価値をつなぐ人（会社）になること、そうあり続け、常に誰かのお役に立てる仕事をする、ということです。人はそれぞれ、異なる種類の価値感を持っています。

1人ではできなくても、誰かとならばできたり、協力し合うことで大きな成果を生む場合があります。私は、人々が出逢う場を提供できる人物、もしくはそれぞれの価値をつなぐ人物であり続けたいと思っているので、今現在はこれを自分の「志」として取り組んでいます。喜んで、楽しんで働ける環境づくりを創造すること、人生を自らマネジメントすることは、仕事を楽しむために必要です。

志を語ること、自分が今何を目指して働いているのかを頭の中からなくさないことで、いろいろなチャンスを見逃さないことができるのです。そして原動力になるのです。

言葉とは不思議なもので、それを受け取るその人の状況、言う側から発せられる状況によっては、言葉そのものが持つ意味を大きく超えて、人の心に響き強く残ることがあります。「志を語る」ことは、自分の人生の支えになることもあるのです。

そして、伝えた人の人生に影響を与えることもあります。

ただし、注意すべきことは欲望と志を間違えないことです。少しでも誰かの役に立つことでないと、ただの欲望になってしまいます。欲望は語らず、胸の中にそっとしまっておくほうがいいでしょう。

また、1年に一度くらいは今自分が持っている価値感は何かと考えて、志を更新していくことも必要です。「志」も、あなたと一緒に年々成長していくものなのです。

〝チャンスは平等です。人は自身の意志で変わることができる！〟これは私の信念です。

もし、目の前に「この箱開けるべからず」という張り紙がついた〝宝箱〟があったなら、怖がらずに開けてほしいのです。人間、誰もが大人になるにつれて言い訳が上手くなり、「自分にはこの箱を開ける資格がない」「開けたら恐ろしいものと出会うのではないか」などといったように、あらかじめ予防線を張ってしまいます。

仮に、宝箱を開けて変なものが出てきたら、逃げるなり立ち向かうなり何らかの対処法があるはずです。確実に言えるのは、箱を開ける勇気がなければ成長やチャンスはものにできないということです。

どんな人にも、チャンスは平等に巡ってきます。本人に勇気がなければ好機に気づかず、すべてを見過ごすことになるのです。思い切って飛び込む、辛いことがあったら「志」を語って乗り超える。そして、それを積み重ねて自信をつけていくのです。

最後に私の想いを書いてはいますが、これが必ずしも「正解」ではありません。「このように考えたほうが私には合っている」とか「この文章はこう解釈すれば納得できる」というように自分なりに合った方法で「肥やし」にしていけばよいと考えています。

9 お客様は神様ではない

多くの場合、お客様は自分たちの立場が強いものと思っています。そのため、よほどの商品ではない限り、売る側の立場が弱くなりがちです。

とくに、人間関係ができ上がるまでの間には、「あんな言い方をしなくてもいいのになぁ……」と感じることも少なくないでしょう。

しかし、それにイライラしても仕方がありません。かと言って、そのたびに、その人とお付き合いをしない選択をしていたのでは、お客様は広がりません。他人は変えられないものですから、そのときの自分の気の持ちようを変えるのが一番の方法なのです。

三波春夫さんの「お客様は神様です」という言葉がありますが、この言葉の本当の意味は、「歌うときにあたかも神前で祈るときのように雑念を払って歌を唄う」という意味です。

もともと、無条件にお客様を崇め奉るということではないのですが、お客様を含めて多くの人の中で違うイメージになっていると思います。私たちは、ご契約以後も心を込めたアフターフォローをします。そして、その対価としてお支払いをいただくのですから、立場は対等なのです。

きちんと仕事をする自分を知っていただき、対等であることを理解していただきます。もし、そこに至るまでに、「あんな言い方をしなくてもいいのに…」と感じる瞬間に出くわしたら、心に余裕を持って、「きちんと仕事をする自分のことが、まだ理解されていない」と思えばいいのです。

そもそも、人からどのように評価されようと、自分の価値は変わるものではありません。イライラする必要も、落ち込む必要もないのです。

それよりも、お客様から理解していただくために次に何をするべきか、自分はどう成長するべきかを考えましょう。

お客様にも、さまざまな性格の方がいらっしゃいます。ご本人にそのつもりがあるかどうかは別として、少しお怒りかなと口調から感じた場合、私たちはどのように対応すべきでしょうか？

そのようなときほど、逃げるのではなくきちんと正面を向き、目を見て、相手の〝意〟を受け止める姿勢を見せましょう。

なかには、お説教好きな人やストレス発散、わがままな性格なだけという人もいます。そのような人に出会ったときこそ、私たちの腕の見せ所ではないでしょうか？

お客様の言う内容によっては「至らない点を教えていただきありがとうございました」「お話をいただき、たいへん勉強になりました」「すごく知識をお持ちですね。勉強になります」「今後の活動に取り入れていきたいと思いました」など、感情を抑えて素直に聞く姿勢を見せましょう。また、営業で業績を上げるには、新しいご縁のお客様も大切ですが、既存のお客様を失わないことも重要です。

初めの頃はうまくお付き合いをしても、お互いが相手の行為を〝当たり前〟だと思いはじめると関係が崩れてしまいます。対等ではあっても、お客様に対する口調や言葉遣いには、常に注意をしなくてはなりません。

親しくなると、お客様から何かしていただいたり、ご馳走になることもあるでしょう。そのようなときのお礼も忘れてはならないことなのです。

また、今はお客様ではなくても、その人自身やその人の背景の人たちと、いつどこでご縁がつながるかわからないのが営業の面白さでもあります。

そして世の中は狭く、多くの人と関わり仕事をしていると、今の買い手が明日の売り手になることもあります。そのように考えると、〝お客様は神様だ〟という行動や言動はお互いにすべきではないと思います。

日々、私たちは人からいろいろな評価を受けるものです。自分自身に変化はなくても、相手によって、あるいは場面によっては、評価が正反対になることさえあるのです。

自分のしている仕事に自信を持ち、お客様と私たちは対等であるという考えを持って、少々のことで感情を乱さず、いろいろな人と接していきましょう。いつどこで誰が、次のお客様になるかわからないのですから！

10 お困りでしたらご一報くださいませ

人を取り巻く環境は、日々変化します。出逢った頃は、お客様としてのお付き合いが予想されていなくても、数年後に親しい間柄になることはよくあります。ですから、定期的に接点を持ち、「私は、あなたがお困りになったときにお役に立てる人物です」ということをお伝えし続けなくてはなりません。

10年ほど前、知人の紹介で私がご縁をいただいたO様は、会社経営をされていました。お友達が外資系生命保険会社にお勤めで、生命保険はそちらで加入されていました。それを知った上で、T様が私にご紹介してくださったのです。保険のおすすめを一切していないのにもかかわらず、T様から紹介していただいたすぐ後に「保険は友人が勧めているのでソニー生命に加入しています。すみません」と、申し訳なさそうにされていたのが印象的で、出逢ってまもなくの人にそのような印象を与えてしまったとしたら、不徳の致すところだと、ショックを受けた出逢いでもありました。

私は、保険営業を仕事にしていますが、自分が仕事に取り組む姿勢やあり方が相手にきちんと理解されていない場合、あるがままの自分を認めてもらうために、これからその人たちとどうお付き合いすべきかを、1日の終わりに考えるようにしています。

できれば、早く「私のあるがままの姿を認めてもらいたい」と思っています。そのために、相手から今の自分がどう理解されているかを、よく考えるようにしています。そうでなければ、次の行動も誤り、お互いの距離は縮まらないと思うからです。

もちろん、O様と出逢った日は一人反省会です。不徳の致すところの出逢いのスタートを、今後どのようにしていくべきか。そして、なぜそう感じさせてしまったのか。どうしたら、相手が私を〝人として〟認めてくれるのか。この三つを考えました。

新しい出逢いがあった日に限らず、寝る前に1日を振り返り、

・今日接した人に失礼がなかったか

・人に誤解されてしまうような行動はなかったかどうか
・お礼やご挨拶を忘れている人はいないかどうか
を考えるのはとても大事なことだと思います。これは私が毎晩していることで、とてもお勧めです。「あのとき、うっかりおかしな言い方をしてしまった」とか「他の人とお話していて、きちんとご挨拶ができなかった」など、誤解を与えるような行動は誰でも意外とあるものです。反省点を見つけたら、放ったらかしにせずに、次の日にメールをしたり手紙を書いたりするひと手間が、ご縁を良縁にしていくのではないでしょうか。

ボード・シェーファー著『イヌが教えるお金持ちになるための知恵』にもあるように、何かをやると決めたら、72時間以内に実行に移す、そうでないと永久にできなくなります。また、それを受ける相手の印象も大きく変わるはずです。

さて、話は戻ります。考えた末に私は、O様に手紙を書くことにしました。

「O様
先日、T様のご紹介でご縁をいただきました、佐藤綾です。O様がソニー生命に加入しているからと言ってくださったとき、私は何とも言えない気持ちになりました。O様に、私のことを知っていただくにはどうしたらいいかと考え、お手紙を書くことにしました。私は、保険営業をはじめて10年近くになります。

この職に就くまでの私の人生を振り返ってみると、何ひとつきちんとやり遂げた記憶がありません。自分で言うのも何ですが、頭も運動神経もそれほど悪くなく、学生の頃は勉強もスポーツもある一定レベルまでは達しましたが、途中で嫌になり他のことに目移りすることの繰り返しでした。『生きていく上で本気で打ち込めるものがほしい』と苛立ちを覚えている頃に出会った仕事が、保険営業だったのです。営業の世界はとても厳しく、子育てをしながらやりくりするのはなかなかたいへんですが、自分磨きのためには最高の仕事だと感じている今日このごろです。『どうすれば、お客様に喜んでもらえるか』を基準に働く日々は、〝人は何のために働くのか?〟ということの答えを教えてくれたように思います。O様とのご縁も人と人とのつながりとして、大切にしたいと考えております。

〝お困りでしたらご一報くださいませ〟――これは、日々訪問するお客様に私がお伝えしている言葉です。〝困る〟というのは何も保険のことばかりではありません。十年もこの業界におりますと多種多様なお仕事の知人友人に恵まれ、イザというときに力を出し合える仲間がたくさんいます。

ですから〝困ったぞ〟というときにご一報いただければ、人をご紹介するなど、何かしらでお役に立てる可能性があります、ということをお伝えしたいのです。人とのつながりを大切にしていく、それが私の生き方です。

T様より、いつもO様のお話を伺っておりました。お話で伺っていたとおり、とても気遣いのある方で穏やかな笑顔が素敵でした。

O様に変な気遣いをさせてしまったかと思うと、ペンを取らずにはいられず、お手紙を書くことにしました。今後もお目にかかることがあるかと思いますが、保険営業の佐藤としてではなく、人としてよいお付き合いをさせていただきたいと思っています。

そして、またT様と一緒にお目もじできます日を楽しみにしております。今後とも宜しくお願いいいたします。　佐藤　綾」

この手紙を送ってから数ヵ月後、O様の企画でお食事をし、再会することができました。お手紙を読んでくださり、また会って話をしようと思ってくださったそうです。

あれから10年、O様との関係は知人から仲間に発展しました。保険営業を越えた信頼関係が生まれ、今は互いの人生に大きく影響する存在です。

近年、ホスピタリティという言葉をよく耳にします。ホスピタリティとは「おもてなしの心」ですが、これはお客様と私たちが人として対等の立場であることを前提としています。対等ではあるけれど〝もてなす〟とは、実際にはどのような行動になるのでしょうか？

仕事には、人を喜ばせるという気持ちが必要だと私はずっと書いてきました。1人でも多くの人を喜ばせ、自分が信じるものの価値（自分の仕事以外のものも含む）を伝えます。自分がお役に立てることをする。ボランティアは立場の違いがある奉仕ですが、仕事において対等な立場でする「おもてなしの心」は、自分の存在価値を作り出します。人にほめられる。人の役に立つ。人に必要とされる。人に愛される。

大人になるにつれて少なくなるこれらのことは、働くことにより得られる喜びなのです。

冒頭でお伝えしたように、人を取り巻く環境は日々変化します。今、どのような関係でも、それが10年続くとは限らず、また、お互いの人生もまったく違うものになっている可能性は大いにあります。いつ、お客様から選ばれるかは私たちの日々のホスピタリティにより決まっていくのかもしれません。「お困りでしたら、ご一報くださいませ」は、相手の邪魔にならない「おもてなしの心」を伝える言葉です。ぜひ、使ってみて下さい。

11 人の嘘を許す

営業は、仕掛けるものではありません。お客様の〝知りたい〟という欲求に対応していくものです。そして、その対応をする営業マンとして、選ばれるように努力をするのです。

ところが、信頼されて選ばれるまでの間、お客様は嘘をつくことがあります。お客様に、アポイントをドタキャンされた経験を持つ方は多くいるでしょう。キャンセルになる理由が嘘だと感じることも少なくないと思います。

そのようなとき、私たちはがっかりして諦めるのではなく、なぜこのお客様はこんな嘘をつく必要があったのか、と考えなくてはなりません。そして、その原因に対して行動をすることが大切になります。人は、自分を守るために嘘をつくことが多いものです。お客様が私たちに嘘をついた場合、たいていは、

①商品が気に入らない
②あなたが嫌い。もしくは、あなたから買う気がない
③あなたが、まだ信頼されていない

④今は契約のタイミングではないと考えている、

のどれかだと思います。①の場合は、改善策を提案すればいいし、②③の場合はもう少し気を長く持ち、コミュニケーションを取ればいいでしょう。④の場合も同様です。

いずれにせよ、嘘をつかれたと落ち込んだりイライラする必要はなく、原因がどれかを見つけ、諦めずに対応策を考えるしかないのです。そして、その対応策がお客様に届いて、はじめて選ばれるからこそ、営業の喜びや達成感が味わえるのです。この段階で、あなたは話しやすい営業マンだったことは間違いありません。あと一歩です！　話しやすい営業マンから信頼される営業担当として成長するチャンスです。

そもそも、誰もが日常的に大なり小なり嘘をついているものです。そして、それを許されたり許されなかったりして生活をしています。社内での人間関係でも、嘘を聞き流すことは自分をストレスから解放してくれます。見破らなくてもいい嘘も多く、とくに「仕事」においては、そこまでせず騙されたまま放っておいたほうが、お互いの関係が良好に進むこともあるのです。

たとえば、部下の嘘を見破って問い詰めたとしても、これまでの関係を破壊してしまったのでは意味がありません。見破る必要のないことは、放っておけばいいのです。

お客様と同様、他人と長くお付き合いをするには「私たちの聞いた嘘はその人の一部であり、何か理由や原因があるかもしれないな」というくらいのいい加減さがあったほうがいいものです。

その人の背後には、家計を守る主婦という立場や、あなたと仲よくしたい女性という立場、社会人として人を見るなど、膨大な思いがあります。そして誰しも、たとえばよいプランだと思ったが、考えてみたら毎月の掛け金が苦しいなど、言いたくないことや見せたくない面があるものです。ともに生活をしたことがない他人の心の内は、なかなか正確にはわかりません。人と長く関わる仕事である以上、よほど迷惑を及ぼさない限り、怒る必要も落ち込む必要もありません。

温かみのある人というのは、うまく他人を許している人だと私は思います。社会人として、親として、営業マンとして、人として、よい笑顔をしていくには眉間にシワを寄せずに感情をコントロールしたほうがずっといいでしょう。

営業という仕事は、そのようなことすべてを楽しんだ人の勝ちなのです。

12

同業者以外の人との時間を作りなさい

ときとして、思い込みは成長の妨げになると私は思っています。どんな出来事にも〝いろいろな見方〟や〝いろいろな解決策〟があり、自分のフィルターが正解だとは限らないのです。そこで、他人のフィルターから見る視点も、情報収集や机上の勉強、お金儲けやビジネス戦略よりもっと大切なことです。

そもそもビジネスマン人生は長く、そしてお客様はずっと私たちのことを見ています。しばらく付き合えば、あなたがいくら取りつくろっていても「本当はどういう人なのか」はみんなお見通し。いろいろな考え方や解決策を知ることも、大切な自分磨きのひとつなのです。

そこで、成長したいのなら、同業者以外の人との時間を作ることを強くお勧めします。なぜならば、同業者、あるいは社内の仲間との時間は、いつも会社や上司の批判が酒の肴になるからです。

みなさん、心あたりはないでしょうか？　ストレスの解消も、ある程度は必要ですが、私たちは「評論家」ではありませんから、考えても解決しないことに大事な時間を使うことはもったいないことなのです。自分が理想とする人や、社外の、できれば同業者以外の人とお酒を飲んだり、食事をしてみて下さい。

親しくなって、何か相談事をしたとき、「あなたの考え方は間違っているよ！」と一喝されるかもしれませんが、それはすべて自分の今後のビジネスマンとしての人生の役に立つことでしょう。

セミナーやイベント、勉強会に参加すれば、多くの人に会うことができます。立派だと思う人もいれば、期待外れの人もいますが、人生の要所要所で自分を育ててくれる人物（理想とする人）に出逢うには、とにかく多くの人と会うことが大前提です。

多くの人に会って話をすることで、自分はどういう考えなのか、ということが理解できるようになります。

残念ながら、立派な人物と社会的地位の高さは一致するものではありませんが、それを知るのもまた自分磨きです。

結局は〝志〟が同じ方向の人としか長く親しく付き合えないことも、月日が経つとわかるものです。忘年会シーズンともなれば、ふだんよりも多くのお誘いをいただくことでしょう。

ただ、だらだらとお酒を飲むのではなく、他業種の人のフィルターを学ぶという気持ちを持って学びのチャンスだと考えて足を運べば、必ずよい出逢いがあります。

「小人は縁に気付かず。中人は縁を生かさず。大人は袖触れ合う縁を生かす」という柳生家家訓があるように、その気になれば成長のチャンスはどこにでも転がっています。

〝井の中の蛙〟では、自信過剰にもなります。これはとても危険なことです。同じ職種（営業）でも、会社や組織が違えば仕事の進め方や内容、めざすゴールはまるで違うものです。理想とする人を見つけて、その人から学んだこと、自分の思い込みをなくすことは、あなたをひと回りもふた回りも成長させてくれるでしょう。

7章

もう、クロージングはいらない！

1 原因と結果

不景気と言われた時代が続き、平成26年の春からは増税もスタート。会社では、毎日毎日「数字」と言われ、月末が憂鬱な営業マンも多いのではないかと思います。

私にも、泣きたくなるようなことばかりが続いた時期がありました。プライベートでは離婚をしたり、新人職員時代には仕事がどうしてもうまくいかなかったり、組織長時代には人に理解されないと悩んだり、移動中の車の中で泣きながらお客様の家へ向かったことが何度もありました。

今、あの時代を乗り越えてわかるのは、その泣きたい時代のすべての出来事は当時の私自身に〝原因〟があったのだということです。

そして、その原因に気づき、嫌いなこと、嫌いな人、嫌いな仕事にもきちんと向き合い、原因を克服できたときが成長の第一歩なのだということです。今よりもっと自分を向上させたい、幸せになりたい、という気持ちはあるけれど、なかなかうまくいかないとか何をしたらいいのかわからないとか、頑張っているのに成果が出ないと悩んでいるなら、それは、運が悪いのでも誰かのせいでもなく、あなたが過去してこなかったことの〝結果〟だと認めるしかありません。

とにかく一度、これを機会に自分を振り返っていただきたいと思います。うまくいかない原因は必ず、自分にあるのです。

そして、もしあなたが本気で今を変えたいなら、この本の中からでもいいし、周囲の先輩の中からでもいいので、自分に足りないものを発見し、自分自身の努力によってそれらを身につけなくてはなりません。大げさに言うなら、あなたの人生を変えることができるのは、あなただけなのです。

あなたを変えるのは、他人ではありません。会社でもないのです。そして自分の行動に誇りを持って取り組み続けるしか成功する方法はないと思います。

プライドというのは、人と比べるときのものですが、成長したいときに必要なのは、自分が自分を認める「誇り」です。

さらに、心の底から〝しよう〟〝変わろう〟と思うことです。情熱がなくてはならないと思います。

それによって仕事に興味を持って行動して積み重ねていく中で〝感動〟を覚えなくては続かないでしょう。

2—6—2の法則をごぞんじの方は多いと思います。組織の中の上位2割の人は、自発的に努力をする人です。真ん中の6割はどちらでもない人。下の2割は気づくことなく日々を終えていく人です。あなたは、どこの人になりたいでしょうか？

上位2割になるのは難しいことではありません。よいと思ったことを瞬時に行動に移せる人になればいいだけです。どうしようかと考えていると〝損得感情〟が邪魔をします。損だの得だのといった心配をせず、まず行動してみましょう。

行動すると、必ず、誰かがそれを見ています。見ている人は取引先かもしれません。同僚かもしれません。パートナーかもしれません。神様かもしれません。でも、必ず誰かが見ています。

先日、私より少し若い男性とご一緒する機会がありました。現場に向かう途中、私の前を歩くその人は道に落ちている紙くずを迷わず拾いポケットにしまいこみました。私はそのさりげない行動にとても感動し、この人とならよい仕事ができるだろうと確信したのです。人生のチャンスはどこでやってくるのか、どのような人が信頼されるのかは、そのような日々の行動が重要だと思いませんか？

誰もが幸せになりたいと願っています。

健康で困らないくらいのお金があって誰かの役に立ち、人から感謝されて、愛する家族や大好きな仲間に囲まれ穏やかで笑い声のある人生を誰でも手に入れたいでしょう。成功が、このような思い描いた通りの人生を送ることだとしたら、待っていてはいけません。「知ったこと」を「やってみる」実践ありきです。必ず、誰かがその善い行ないや努力を見てくれているからです。

生きていく上で、お金は稼がなくてはなりません。あなたがお金を好きか嫌いかではなく、稼がなくては家族を養えないのです。今のあなたは、何で稼いでいますか？

①知識ですか？　②商品売買ですか？　③労働時間ですか？　④サービスですか？

それぞれに必要な、身につけるべきことはありますが、共通して必要なことは〝心〟だとは思いませんか？　販売業でも先生でも作業員でも営業職員でも、結局は心が大事なのです。稼ぐ力を身に付けたいのなら、まず自分の心を育てることです。相手が忘れてしまっているような些細な約束を必ず守っていく人には、人が自然と集まってくるでしょう。背伸びをせず素直に振る舞える人に、人は心を許すものだからです。

人生を歩むコツ。仕事を楽しくしていくコツは、そんなことが大事なのです。この章の最後に、私が卒業した私立駒込高校の教育理念をご紹介します。

〝一隅を照らす〟――１２００年前、伝教大師　最澄が『山家学生式』という書物の中に書き残した言葉です。

〝その人が置かれたその場にあって、ひたむきな向上心を持って全力を尽くす人こそ国や社会の宝である〟という意味です。

お金や財宝は国の宝ではなく、家庭や職場など、自分が置かれた場所で精一杯努力をし、明るく光り続ける人こそ、何事にも替えがたい貴い宝なのです。今も昔も、その根本は変わっていません。

心を大事に育てれば、必ず結果はついてくるはずです。

2 自分を信じなさい　大丈夫！

「人様に勝とうと思うな。人に勝とうと思ったらまず自分に克て。自分が自分に負けるような人間が人に勝てるはずがない」玉置半兵衛

この言葉を知ったとき以来、私はいつも、これを頭に入れておくようにしています。

楽しいことが目の前に現われると、ついつい大事なことを後回しにしたくなってしまう

ため、そんなときはこの言葉を思い出し、「いけない、いけない」と自分自身を戒めています。

自分に勝つということは、人生においても仕事においても大事なことです。自分に勝つことでしか得られない自信があります。それに、他人の人生と比べる必要はありません。今どんなに親しくしていたとしても、その人がどんな軌跡をたどってきたかなど、わかりはしないのですから。

人と自分を比べて、落ち込む必要はありません。「人生を歩むときは大事なことは計算するな。楽しめ。参加しろ。与えよう。起き上がれ。出かけよう。感謝しよう。許そうだ」と、人から教わったことがあります。「そうやって、日々生きていけば大丈夫なんだよ」と、それを教えてくれた人生の先輩は言っていました。

後は、自分自身を信じることです。

自分のシナリオを描いて信じ込めることこそが、道しるべになるのだそうです。だからこそ、できる方法を考える、可能性に挑戦する、人の役に立つ喜びを体験する。成長を求め続けるようになるのでしょう。多くの人は、会社の研修会に参加したり、本を買って学んでいます。

ただ、そこで「知ったこと」を「やっているか」と考えると、案外実践できている人は少ないのではないでしょうか？

　私の年齢くらいになると、どんないい話もたいていはどこかで聞いたり読んだりしたことがあるものです。ですが、日々の生活の中でその話を自分が実践しているか、と考えて研修を受けると、またさらに「やるべきこと」があると気がつきます。

　世の中には、多くの成功者と言われる人たちがいます。私が所属するロータリークラブや倫理法人会には、見たことも聞いたこともないような年商の経営者がいらっしゃいます。

　私は、お逢いするチャンスがあるたびに、その人たちから聞いた話の中から、ひとつでも二つでもすぐに実践できることを見つけることにしています。何か新たに挑戦するのは失敗するかもしれないため恐いものです。

　でも、失敗とは何だろう、と考えてみると、たいしたことではなかったりします。挑戦せず、知らずに終わっていくことのほうが恐ろしいことかもしれません。

　思っているだけ、知っているだけでは、ただの自己満足に過ぎません。自分が自分に満足をしていくには、自分を信じて行動するしかないでしょう。継続ができない人は「何のためにそれをやるのか」が明確でないのだと思います。人は、目的のない行動を続けることはできません。何のために働くのか？　何のためにその仕事を選んだのか？　何のために生まれてきたのか？　あなたの今の役割はいったい何なのか？

人生の目標、目先の目標を見つけ出し、目の前にあることから逃げ出さず、きちんとこなしていく。挑戦・行動していくのです。

それだけで、立派な人物になれるのです！

ひとつでも二つでもいいのです。今日知ったことをそのままにしていると、いつの間にか忘れてしまいます。それが、いずれチャンスにつながるかもしれません。

「アプローチ、提案、ニーズ喚起、クロージング」といった営業手法だけが、すべてではありません。私たちの相手は生身の人間です。自分を磨けば、必ず選ばれる営業マンになれるのです。

あなたなら大丈夫です。

鏡を見て笑ってみてください。そんなに素敵な笑顔をしまい込んでいてはいけません。

自分を信じて。いってらっしゃい！

著者略歴

佐藤 綾（さとう あや）

1974年台東区生まれ。株式会社Free Wing代表取締役
私立駒込高等学校卒業後18歳で結婚。生活を支えるために24歳のとき、太陽生命保険株式会社に入社。その後、28歳で組織長（支部長）昇格。41名に拡大した佐藤支部は年間業績5年連続1位となる。37歳のとき、乗合代理店株式会社Free Wingを設立。営業講師も始める。
〝保険〟だけでなく、社会は今何を求めているか？　自分のノウハウがお役に立てることは？と考え、39歳で株式会社Amour設立。『思いかた と 想いかた』という、自己管理、自己啓発を目的にした手帳を今年（2014年）9月より発売する。また同時に、「想いかたを学ぶ」ことを目的としたポータルサイトを公開予定。

お客様から教わった
営業で大切なたったひとつのこと

平成26年9月10日　初版発行

著　者 —— 佐藤　綾
発行者 —— 中島　治久

発行所 —— 同文舘出版株式会社

東京都千代田区神田神保町1-41　〒101-0051
電話　営業03（3294）1801　編集03（3294）1802
振替00100-8-42935　http://www.dobunkan.co.jp

 ISBN978-4-495-52771-6
印刷／製本：萩原印刷　Printed in Japan 2014